Les finances publiques

Connaissance du droit

collection fondée par

Jean-Luc Aubert

agrégé des Facultés de droit

dirigée par

Philippe Jestaz

professeur émérite de l'Université Paris Val-de-Marne (Paris XII)

Les finances publiques

6e édition
2006

Michel Lascombe
professeur à l'IEP de Lille

Xavier Vandendriessche
professeur à l'Université de Lille 2

DALLOZ

DALLOZ

31-35, rue Froidevaux, 75685 Paris cedex 14

Introduction

Le terme « finances » est issu du vieux français « finer », ayant la même étymologie que le verbe « finir ». Ainsi, au Moyen Âge, « finer » indique la fin d'une transaction contractuelle, généralement concrétisée par le paiement du prix. Il ne faut toutefois pas confondre « finances » et « monnaie », celle-ci ne constituant que l'un des moyens offerts pour payer les transactions. On a pourtant longtemps défini les finances publiques par référence à la notion de « deniers publics » telle qu'elle était utilisée avant 1962. Les finances publiques s'entendaient ainsi des deniers des personnes publiques (État, collectivités territoriales, établissements publics) ou des personnes privées subventionnées peu ou prou par des personnes publiques.

Toutefois, au fur et à mesure que se sont développées des règles spécifiques à la gestion des « deniers publics », il a fallu distinguer selon que l'usage de cet argent public était ou non réglementé par le droit public financier. C'est la raison pour laquelle on a longtemps retenu une conception plus stricte fondée sur l'applicabilité conjointe des dispositions de droit budgétaire et de comptabilité publique. Cette conception conduisait à ne retenir que les finances des personnes publiques à l'exclusion de celles dont la gestion financière est régie par les règles du droit privé (par ex. : établissement public sans comptable public).

L'évolution de l'importance des masses financières en jeu allait conduire à renoncer à cette approche. Rapidement, en effet, les finances des organismes de sécurité sociale (environ 373

Mds € pour 2006) dépassaient en volume le montant du budget général de l'État (335 Mds € pour 2006) et il n'était plus possible que le Parlement ne puisse pas connaître de ces questions. Une révision constitutionnelle en 1996, complétée en 2005, mettait en place une procédure particulière permettant aux élus de la nation de se prononcer sur le financement de la sécurité sociale, désormais partie intégrante du droit public financier. Il faut signaler en outre l'importance de la réforme introduite en 2001 (loi organique du 1er août 2001, LOLF) totalement applicable depuis le 1er janvier 2006 et qui constitue une véritable révolution financière par l'introduction d'une logique de performance dans la gestion des finances de l'État et par un effort de revalorisation des compétences parlementaires en matière financière.

Historiquement, le droit public financier a été conçu pour s'appliquer aux finances de l'État et c'est progressivement qu'il s'est étendu, avec des adaptations de plus en plus nombreuses, aux collectivités territoriales et aux établissements publics. Dès lors que les finances de ces personnes publiques restent fondamentalement subordonnées à celles de l'État, on privilégiera l'étude du droit public financier de l'État en soulignant, en raison de leur importance, les règles propres aux collectivités territoriales. En revanche, en matière de financement de la sécurité sociale, les principales règles du droit budgétaire de l'État ont été copiées presque sans changement ; il suffira dès lors d'en détailler les particularismes. Les finances de l'État et les finances sociales sont gouvernées par des règles (chap. I) et s'expriment dans des actes juridiques financiers (chap. II) respectant un certain nombre de principes fondamentaux (chap. III). Ces actes sont élaborés (chap. IV) et adoptés (chap. V) pour être exécutés (chap. VI) sous le contrôle d'organes spécialisés (chap. VII). Chacune de ces étapes fera l'objet d'un chapitre après que l'on a donné, à titre préliminaire, les caractéristiques essentielles des finances de l'État. Enfin, les règles propres aux collectivités territoriales seront examinées de manière autonome (chap. VIII).

Lire aussi

- Amselek P., *Le budget de l'État sous la Ve République,* LGDJ, 1967
- Barilari A., Bouvier M., *La nouvelle gouvernance financière de l'État,* LGDJ, coll. « Systèmes », 2004
- Baziadoly S., *Les finances publiques,* PUF, coll. « Que sais-je ? », 3e éd., 2004
- Bouvier M., Esclassan M.-C., Lassale J.-P., *Finances publiques,* LGDJ, 7e éd., 2004
- Crucis H. M., *Finances publiques,* Montchrestien, coll. « Focus Droit », 2003
- Muzellec R., *Finances publiques,* Sirey, coll. « Intégral concours », 14e éd., 2006
- Orsoni G., *Science et législation financières,* Economica, 2005
- Saïdj L., *Finances publiques,* Dalloz, coll. « Cours », 4e éd., 2003

Chapitre préliminaire

Caractériser les finances de l'État oblige tout à la fois à déterminer leur contenu (sect. 1) mais aussi à les distinguer de réalités voisines ou plus anciennes (sect. 2) pour montrer toute leur spécificité.

Section 1
Les finances de l'État

C'est l'économiste allemand Adolf Wagner qui pour la première fois formule, à la fin du XIXe siècle dans son *Traité de science des finances*, la loi de l'accroissement continu des dépenses publiques. L'exemple du budget de la France passant de 1 milliard de francs en 1822 (environ 152,5 M €) à 1 861 milliards en 2004 (environ 284 Mds €), semble confirmer l'analyse de Wagner.

Mais ces chiffres ne permettent pas de mesurer l'accroissement réel des dépenses de l'État.

Il faut en premier lieu tenir compte de l'érosion monétaire. Certes de 1822 à 1913, la valeur du franc est pratiquement constante. Le « franc germinal » ou « franc-or » ne se déprécie pas. Mais, par la suite, et en particulier après 1928, la dévalorisation monétaire existe, elle est même importante (« franc Poincaré »). Il convient donc de mener une comparaison des dépenses de l'État non plus en francs courants mais en francs constants. Le franc-or vaut actuellement 22,30 francs (soit

3,40 €). Si l'on rapporte le budget 2004 en francs-or, il se montrait environ à 84 Mds (soit 13 Mds €).

Il faut encore ajouter la variation démographique. Ainsi par exemple, de 1822 à 2004, la France est passée de 25 à 62 millions d'habitants. Rapportée au montant du budget de l'État en francs constants, la dépense était de 40 francs-or (6,10 €) par habitant en 1822 et de 1 346 francs-or (206 €) en 2004, soit 35 fois plus.

Enfin, doit être prise en compte l'évolution du budget de l'État par rapport à la richesse du pays. On peut estimer raisonnablement que le produit intérieur brut de 1822 s'élevait à environ 10 Mds de francs-or (1,524 Mds €). Dans ces conditions, les dépenses publiques représentaient environ 10 % du PIB. En 2004, le PIB était approximativement de 1 648 Mds € (soit 490 Mds de francs-or). Les dépenses de l'État représentaient donc environ 18 % du PIB.

Au total, la comparaison entre les deux dates donne des dépenses publiques 2 fois plus importantes en 2004 qu'en 1822. Ainsi, les dépenses publiques augmentent, mais beaucoup moins vite que ne le laissent supposer les chiffres bruts.

Il convient enfin d'ajouter deux postes importants : d'une part les dépenses sociales, soit plus de 403 Mds € en 2004, d'autre part les dépenses des administrations publiques locales soit environ 179Mds € en 2004. Dans ces conditions, le total des dépenses publiques, est pratiquement multiplié par 6 depuis 1822. Simplement, du fait des lois de décentralisation (c'est-à-dire depuis mars 1982) et de leurs conséquences sur les charges des collectivités publiques, la part du budget de l'État a légèrement décru alors que celle des collectivités territoriales augmentait fortement.

Section 2

Les finances publiques : distinctions

Pour mieux comprendre certaines particularités des finances publiques contemporaines (III), il est nécessaire de les distinguer des finances publiques de l'époque dite classique (II) et des finances privées (I).

I - La distinction entre finances publiques et finances privées

Si au XIXe siècle on pouvait prétendre assimiler finances publiques et privées, cela est devenu impossible à notre époque. Les finances publiques (et tout spécialement les finances de l'État) et les finances privées ne reposent pas sur les mêmes principes.

On note tout d'abord que les particuliers (personnes physiques ou morales) raisonnent sur des unités de comptes restreintes. En effet, même si certaines entreprises gèrent des sommes considérables, celles-ci restent limitées par rapport aux finances de l'État.

De plus, finances de l'État et finances privées n'ont pas les mêmes objectifs. D'un côté les sociétés commerciales recherchent un maximum de profit dans le délai le plus bref et ceci pour satisfaire les intérêts privés de leurs actionnaires. De l'autre côté, l'État recherche moins ou peu le profit, mais la satisfaction de l'intérêt général. Des opérations financières peu ou pas rentables peuvent ainsi être réalisées par l'État si elles correspondent à un intérêt public.

Enfin, les finances privées ne supportent pas un déficit prolongé. Au bout d'un certain temps, les créanciers s'inquiètent et coupent définitivement les crédits conduisant l'entreprise ou le particulier à la faillite. L'État, en revanche, peut se permettre un déficit, certes limité, mais durable. Le déficit est même parfois considéré comme un remède à des problèmes économiques comme c'est le cas dans la théorie keynésienne.

Ces différences restent fondamentales même si certains rapprochements existent. En effet, à côté de ses services administratifs, l'État gère un certain nombre de services industriels et commerciaux qui n'échappent pas à l'exigence de la rentabilité financière du secteur privé. Cependant, l'idée de service public reste présente, conduisant parfois à suivre certains impératifs sociaux et à proposer ces services à un prix inférieur au prix de revient. Reste que la logique de performance induite par la LOLF doit conduire à une gestion publique orientée par les résultats dans laquelle le calcul de coût et d'efficience prend une part croissante.

Par ailleurs, certaines activités qui devraient normalement être exercées par l'État sont de plus en plus souvent confiées par lui à des personnes privées sous forme de délégations de service public. Ces techniques permettent de développer pour ces activités certains des principes de gestion privée.

Reste que la particularité majeure des finances de l'État du point de vue juridique repose sur l'application d'un corps de règles spéciales qui interdit toute assimilation entre finances de l'État et finances privées. C'est là une constante du droit public financier à travers le temps.

II - La distinction entre finances classiques et finances modernes

Datant du XIXe siècle, la théorie des finances classiques (A) s'oppose à celle qui s'est développée après 1919 s'appliquant aux finances modernes (B).

A - Les finances publiques classiques

La Restauration héritant de finances délabrées qui obligeront Louis XVIII à faire appel à des personnalités compétentes pour façonner le droit budgétaire moderne, sera le creuset des finances publiques classiques.

Le baron Joseph Louis, conseiller d'État depuis 1811 et protégé de Talleyrand, fut nommé ministre des Finances à la première et à la seconde Restauration (il le sera à nouveau en 1830). Il fut le premier à appliquer les grands principes budgétaires qui, de nos jours encore, malgré certains amendements, régissent cette matière. L'idée essentielle du baron Louis était de rétablir la confiance dans la parole de l'État et donc dans ses finances. Ainsi, parvient-il à convaincre Louis XVIII de ne pas répudier les dettes de la Révolution et de l'Empire.

Le comte de Villèle systématisera les principes appliqués par Louis. Ministre des Finances en 1821 puis cumulant ces fonctions avec celle de chef du gouvernement jusqu'en 1828, il fera rédiger les principaux textes régissant les finances publiques pendant tout le XIXe siècle.

Par ailleurs l'application parlementaire des chartes de 1814 et de 1830 va faciliter l'épanouissement des mécanismes modernes des finances : le principe de l'autorisation parlementaire des dépenses (LF du 25 mars 1817) qui impose la règle de la spécialité des crédits par ministère, puis par section (1829) et par chapitre (1831).

Nées dans le cadre de l'État libéral c'est-à-dire intervenant le moins possible dans la vie économique (« État gendarme »), les finances classiques sont simplement destinées à financer les activités essentielles de l'État (diplomatie, défense, police et justice) et présentent, selon les théoriciens de l'époque, quatre caractéristiques.

Elles sont tout d'abord limitées quant à leur domaine d'intervention et ont, par conséquent, un volume réduit (environ 8 à 12 % du produit national).

Par ailleurs, on affirme traditionnellement que les finances publiques à l'époque sont neutres et insensibles. On veut dire par là qu'elles ne sont pas destinées à atteindre des objectifs financiers, pas plus qu'elles ne doivent se porter au secours de secteurs en difficulté. On notera cependant que cette neutralité n'est parfois qu'apparente. Ainsi l'impôt sur les portes et fenêtres a-t-il eu des répercussions sur la construction des maisons. Mais les finances publiques sont aussi insensibles aux fluctuations de la vie économique : il n'y a pas de raison de diminuer les dépenses des services étatiques en fonction des résultats de la conjoncture. Il n'est que dans les périodes critiques comme les guerres qu'elles augmentent sensiblement. On recourt alors provisoirement à l'emprunt, sinon, les recettes varient peu elles aussi : on prélève les mêmes impôts.

Car, et c'est la troisième caractéristique des finances publiques classiques, seul l'impôt est légitime : les autres catégories de ressources sont inconciliables avec les nécessités de l'État libéral. Les revenus du domaine, si importants sous l'Ancien Régime, sont devenus négligeables. L'État, qui ne souhaite pas interférer dans la production, ne met pas en valeur son domaine et ne tire que peu ou pas de revenus des rares entreprises qu'il possède (Postes, tabacs et manufactures). De même les manipulations monétaires sont exclues. La monnaie a une valeur « or », ce que l'on appelle une convertibilité. Chacun peut théoriquement se présenter aux guichets de la Banque de France et obtenir la contrepartie en or des billets qu'il possède. Dès lors, la monnaie ne peut varier que dans la mesure où le stock d'or évolue lui-même. Tout le XIXe siècle est ainsi marqué par une grande stabilité monétaire. Enfin, l'emprunt est très peu utilisé. Selon les classiques, il est une facilité provisoire et risque de gêner les entreprises privées en détournant du circuit productif des capitaux qui peuvent ensuite lui faire défaut. Reste donc l'impôt, seul véritable moyen de couvrir les charges publiques sans trop de conséquences sur l'économie.

Enfin, selon l'orthodoxie classique, le budget de l'État doit être équilibré. Les dépenses doivent être égales aux ressources définitivement acquises, c'est-à-dire aux impôts effectivement perçus. Réaliser l'équilibre budgétaire est plus qu'une règle, presque un dogme. Les dépenses ne doivent pas être supérieures aux recettes. Le déficit budgétaire est prohibé car il aurait pour conséquence des pratiques financières douteuses. Les recettes ne doivent pas être supérieures aux dépenses car seules les dépenses à effectuer pour les missions que l'État a obligation d'accomplir sont nécessaires. Il s'agit en fait de ne ponctionner que les fonds qui sont indispensables. L'excédent conduirait à des prélèvements de liquidités qui ne seraient donc plus disponibles pour l'économie. Il en résulte l'application de la technique de l'impôt de répartition : l'État fixe les recettes par rapport aux dépenses préalablement déterminées. Le produit de l'impôt est ensuite réparti dans le pays de manière à ce que les recettes soient exactement égales aux dépenses. L'équilibre budgétaire est donc nécessairement respecté.

Pourtant, l'État intervient déjà dans un certain nombre de matières par la réglementation notamment pour la loyauté des transactions ou l'hygiène des produits. Bien plus, l'État s'intéresse très tôt aux activités monopolistiques qui ne sont que concédées au secteur privé (chemin de fer, construction des canaux). Quant au droit public financier, il s'est très vite adapté à ces préoccupations étatiques ; par exemple, c'est une loi du 4 août 1829 qui dote l'Imprimerie royale d'une structure financière spécifique assimilable à un budget annexe, formule qui sera reprise par exemple pour les chemins de fer dès la loi du 29 décembre 1882.

Ainsi, quoique très largement irréaliste au moment même où elle était émise, la théorie des classiques ne peut plus être soutenue actuellement, l'État étant devenu interventionniste.

B - Les finances publiques modernes

La Première Guerre mondiale touche, pour la première fois, non seulement les militaires mais tous les civils. Gourmande autant en hommes qu'en matériel, elle va obliger les industries civiles à se transformer pour contribuer à l'effort de guerre. C'est l'État qui va imposer ces transformations industrielles, intervenant directement dans la définition des productions. Par ailleurs, pour remplacer la main d' œuvre partie au front, l'État va encourager le travail des femmes. Enfin, l'État va interdire certaines productions, répartir autoritairement les biens qui font le plus cruellement défaut, etc. Bien plus, l'État sera progressivement conduit à pallier les carences du secteur privé et à se faire ravitailleur, transporteur ou assureur.

Le retour de la paix va produire des effets rigoureusement identiques. L'intervention de l'État est désormais nécessaire pour que l'industrie reprenne des productions civiles dont l'urgence commande la nécessité. Parallèlement au retour des hommes sur les lieux de travail va se poser la question du statut des femmes qui comptent poursuivre une activité. Par ailleurs, il faut assurer le paiement des dettes contractées par l'État durant cette période. Ainsi, l'intervention de l'État va prendre toute son ampleur et s'étendre du domaine économique au domaine social. Cette attitude va engendrer la naissance d'une nouvelle approche des finances publiques qui auront des caractéristiques exactement inverses aux précédentes.

C'est à compter des années 1920 que le volume du budget va s'enfler et ne cesser de croître ; la part des dépenses publiques dans le PIB est ainsi passée de 17 % en 1913 à 52,7 % en 2001. L'État va se procurer des ressources par tous moyens.

Désormais, les recettes comme les dépenses sont utilisées pour orienter les activités du pays. On se préoccupe, avant toute décision financière, de son incidence économique et sociale. Par exemple, l'État peut, même s'il n'a pas besoin d'argent, prélever des impôts pour lutter contre l'inflation. Des dépenses d'investissement, type « grands travaux », peuvent être mises en œuvre pour lutter contre le chômage et déclencher une reprise des affaires. Enfin, par la masse de ses commandes, l'État joue un rôle économique déterminant.

Désormais, l'impôt n'est plus la seule ressource de l'État. Ainsi, le XXe verra peu à peu l'abandon de la convertibilité en or du franc. L'instabilité monétaire conduira à des dévaluations fréquentes des monnaies les plus faibles et au développement de l'inflation, presque inconnue jusqu'alors. L'État va profiter de ces variations de la valeur de la monnaie pour prendre des décisions de politique économique.

Pour faciliter la lutte contre l'inflation et tenter de donner à l'économie les moyens nécessaires à son développement, l'État va encourager l'épargne. Pour ce faire, et si l'on ne veut pas avoir recours à des procédés autoritaires (emprunt forcé), les taux d'intérêt des emprunts proposés par l'État doivent être attractifs. Qui plus est, l'emprunt permet de couvrir le déficit budgétaire qui s'accroît puisque les interventions de l'État sont plus nombreuses. Les activités industrielles, commerciales et financières de l'État deviennent pour lui un moyen de se procurer des ressources.

Dès lors l'idée de la doctrine classique se transforme : si l'équilibre est souhaitable, il n'est plus indispensable et l'on préférera même le plus souvent le déséquilibre budgétaire pourvu qu'il y ait équilibre de l'économie.

On pourra en outre utiliser un autre type de fiscalité. Si dans la période classique, on calculait les dépenses pour ensuite en répartir la charge sur les contribuables, on procède maintenant dans l'autre sens en déterminant le rendement de l'impôt par application de règles d'imposition préalablement fixées. Chacun des contribuables paye en fonction de ses ressources les sommes d'impôt qu'il doit (impôt de quotité). Et si le total des rentrées ainsi produit n'est pas suffisant on utilise l'un des autres moyens de financement (emprunt) ou l'on établit un budget en déséquilibre.

III - Aspects particuliers des finances contemporaines

En premier lieu la place de l'État comme agent économique s'est considérablement modifiée depuis quelques décennies. Principal acteur de l'interventionnisme économique, l'État est très largement concurrencé dans ce rôle par les collectivités territoriales, en particulier en matière d'investissement. Alors que les dépenses d'investissement civil de l'État représentent en 2004 environ 19 Mds €, les dépenses d'investissement des collectivités territoriales atteignent environ 43,4 Mds €. Les dépenses civiles de l'État sont essentiellement constituées des dépenses de fonctionnement (108 Mds€), notamment les dépenses de personnel, des dépenses de transfert (80 Mds€) et de la charge de la dette (106 Mds€). Ceci a du reste pour conséquence de les rendre difficilement compressibles, ne laissant à l'État qu'une marge de manœuvre restreinte lorsqu'il souhaite réduire le déficit sans procéder à des augmentations de recettes. Le rôle économique de l'État est par ailleurs réduit du fait des privatisations d'entreprises publiques. Cette politique, commencée en 1986 et jamais démentie depuis, réduit nécessairement l'influence de l'État qui ne dispose plus des leviers de l'intervention que constituaient, par exemple, le secteur bancaire public et les compagnies d'assurances.

En second lieu, les progrès de l'intégration européenne entraînent aussi des bouleversements dans les finances publiques nationales. D'une part, le respect du principe de libre concurrence conduit nécessairement l'État à se désengager financièrement, voire institutionnellement, de la gestion d'activités industrielles, commerciales ou financières. D'autre part, la maîtrise des déficits publics exigée par le traité de Maastricht et la discipline budgétaire qui en est la conséquence logique réduisent encore les marges de manœuvre nationales. L'adoption de la monnaie unique et l'application du pacte de stabilité (sanctions en cas de non-respect des critères de convergence) ont abouti à un transfert de l'essentiel des compétences budgétaires vers les institutions communautaires.

Enfin, l'accroissement vertigineux de la dette des administrations publiques (plus de 1 200 Mds € en 2006) et la nécessité du renforcement des prérogatives parlementaires en matière financière a conduit à la mise en œuvre d'une nouvelle « constitution financière » de l'État avec la loi organique relative aux lois de finances (LOLF) du 1er août 2001. Cette « révolution financière » est désormais pleinement intégrée dans notre droit public financier.

Lire aussi

- Allix E., *Traité élémentaires de sciences des finances et de législation financière,* Paris, 1931
- Camby J.-P., « Le contrôle des finances sociales ; la portée de la révision constitutionnelle de février 1996 », in *L'exercice du pouvoir financier du Parlement* (dir. L. Philip), p. 111, Economica, 1996
- Isaia H., Spindler J., *Histoire du droit des finances publiques,* Economica, 1986
- Jeze G., *Cours de sciences des finances et de législation financière française,* Paris, 1922
- Lechantre M. et Schasjer D., *Le budget de l'Union européenne,* La Documentation française 2004
- Levoyer L., *L'influence du droit communautaire sur le pouvoir financier du Parlement français,* LGDJ, 2002
- Orsoni G., « Les finances publiques sont-elles encore les finances de l'État ? » in *Mélanges Paul Amselek,* Bruylant, 2005, p. 631
- Oliva E., « Essai de définition normative du domaine des finances publiques », in *Constitution et finances publiques, Études en l'honneur de Loïc Philip,* Economica, 2005, p. 493
- Pellet R., *Les finances sociales, économie, droit et politique,* LGDJ, coll. « Systèmes », 2001
- Stourm R., *Le budget,* Guillaumin, 1912

Chapitre I

Les sources du droit public financier

C'est du fait d'une défaite militaire que la question des finances publiques surgit en Grande-Bretagne. Devant l'insuffisance des ressources domaniales pour financer les guerres après la défaite de Bouvines (1214), le roi Jean sans Terre doit reconstituer le Trésor royal et donc prélever de nouveaux impôts impopulaires. La noblesse s'opposa au roi qui finit par accepter un compromis : la Magna Carta, la Grande charte de 1215. Il y était prévu que le roi ne pourrait lever des impôts qu'avec l'autorisation du Grand Conseil du royaume (art. 12). Pour en limiter l'influence, le roi y adjoindra en 1265 un second Conseil qui deviendra la Chambre des communes. Celle-ci consentira à l'impôt de la bourgeoisie.

En France aussi, le droit budgétaire moderne s'est construit autour du principe du consentement à l'impôt affirmé, plus tardivement en 1789 ; l'importance de la crise financière que connaît le royaume de France à la fin du XVIIIe impose la convocation des États généraux. Le 17 juin 1789, le tiers état, quelques nobles et quelques membres du bas clergé se constituent en Assemblée nationale qui adopte aussitôt une déclaration :

« L'Assemblée nationale, [...] voulant prévenir les difficultés qui pourraient traverser la perception et l'acquit des contributions, difficultés d'autant plus dignes d'une attention sérieuse qu'elles auraient pour base un principe constitutionnel [...], qui s'oppose à toute levée de deniers de contributions dans le royaume, sans le consentement formel des représentants de la nation ; considérant qu'en effet, les contributions telles qu'elles se perçoivent actuellement dans le royaume, n'ayant point été consenties par la nation, sont toutes illégales et par conséquent nulles dans leur création, extension ou prorogation. Déclare, à l'unanimité des suffrages, consentir provisoirement pour la nation, que les impôts et contributions, quoiqu'illégalement établis et perçus, continuent d'être levés de la même manière qu'ils l'ont été précédemment, et ce, jusqu'au jour seulement de la première séparation de cette assemblée, de quelque cause qu'elle puisse provenir [...] »

Ceci explique que les principaux fondements de la matière soient issus de sources constitutionnelles (sect. 1); l'évolution récente fait du droit communautaire une source à part entière du droit public financier (sect. 2) tandis que subsistent, de manière plus classique, d'autres sources écrites (sect. 3) et la jurisprudence (sect. 4).

Section 1
Les sources constitutionnelles

Le droit positif reste laconique d'un strict point de vue constitutionnel (I), mais s'est enrichi par l'apport des lois organiques (II).

I - La Constitution

La Constitution de 1958 renvoie à la Déclaration de 1789 qui pose tout à la fois le principe de nécessité de l'impôt et de sa répartition équitable (art. 13), le principe fondamental du consentement à l'impôt (art. 14) et jette les bases du droit de la comptabilité publique, du contrôle en matière d'exécution budgétaire et de la responsabilité des agents publics, donc des comptables publics (art. 15).

Quant au corps même du texte, il comprend tout d'abord les règles relatives au vote des LF et LFSS. L'art. C. 34 réaffirme ainsi la compétence du Parlement pour adopter ces LF et rappelle le principe du consentement à l'impôt, le Parlement étant compétent pour fixer l'assiette, le taux et les modalités de recouvrement des impositions de toute nature. L'art. C. 39 reprend le principe de priorité de l'Assemblée nationale tandis que l'art. C. 40 limite le pouvoir d'initiative et d'amendement du Parlement en matière de diminution des ressources ou d'aggravation d'une charge ; les art. 47 C et 47-1 C enserrent le Parlement dans de strictes limites de temps pour adopter ou rejeter les projets de LF ou LFSS, passées ces limites ces projets seraient mis en vigueur par ordonnances (ce qui ne s'est toutefois jamais produit depuis 1958). Ces mêmes articles constitutionnalisent l'existence de la Cour des comptes en tant qu'auxiliaire du Parlement.

Par ailleurs, l'art. C. 72-2 a opéré une constitutionnalisation des principes fondamentaux applicables aux finances locales en prévoyant notamment que les collectivités territoriales bénéficient de ressources dont elles peuvent disposer librement dans les conditions fixées par la loi. Ce même article tend également à consacrer l'autonomie financière des collectivités territoriales puisque leurs recettes propres (notamment fiscales) doivent représenter une part déterminante de l'ensemble de leurs ressources. La Constitution prévoit également désormais que tout transfert de compétences entre l'État et les collectivités territoriales s'accompagne de l'attribution de ressources équivalentes à celles qui étaient consacrées à leur exercice. La péréquation, en tant que mécanisme correctif destiné à favoriser l'égalité entre les collectivités, constitue désormais un principe constitutionnel. On relèvera enfin que l'art. C. 53 prévoit qu'une loi est nécessaire pour ratifier les traités engageant les finances de l'État.

II - Les lois organiques

Alors que par le passé, le droit budgétaire était essentiellement législatif, voire simplement réglementaire, la Constitution de 1958 innove en prévoyant que les principales règles financières doivent trouver leur source dans une loi organique.

S'agissant des LF, le droit budgétaire a été régi jusqu'en 2006 par l'ordonnance organique du 2 janv. 1959 prise sur la base de l'ancien art. C. 92.

Très critiquée depuis son entrée en vigueur en raison du pouvoir excessif reconnu à l'exécutif et du développement de pratiques ne favorisant pas la lisibilité de l'action financière de l'État, elle a désormais disparu compte tenu de la mise en application complète depuis le 1er janv. 2006 de la loi organique du 1er août 2001 (ci-après LOLF). Cette nouvelle « constitution financière de l'État », fruit d'une proposition parlementaire et d'un large consensus entre les assemblées et le gouvernement, se fixe essentiellement deux objectifs : permettre une amélioration de la gestion publique et mieux assurer l'exercice du pouvoir budgétaire du parlement.

La LOLF, forte de 68 articles, est décomposée en 6 titres : Titre I : des lois de finances. Titre II : des ressources et des charges de l'État (ressources et charges budgétaires/nature et portée des autorisations budgétaires/affectations de recettes/ressources et charges de trésorerie/comptes de l'État). Titre III : du contenu et de la présentation des LF (principe de sincérité/dispositions des LF). Titre IV : de l'examen et du vote des PLF. Titre V : de l'information et du contrôle sur les LF. Titre VI : entrée en vigueur et application de la LO.

S'agissant des LFSS, les dispositions organiques issues de la LO du 22 juillet 1996 sont incluses dans le Code de la sécurité sociale (ci-après CSS) aux articles LO 111-3 et s. Depuis la modification introduite par la LO du 19 déc. 2005, ces dispositions reprennent, en les adaptant, une bonne part des dispositions de la LOLF.

Section 2

Le droit communautaire

Au-delà même du budget de l'Union européenne (environ 100 Mds d'€), qui nécessite désormais une étude autonome, tant de son contenu que de sa procédure d'élaboration, d'adoption et d'exécution, le droit communautaire influence aujourd'hui directement les droits nationaux en matière de finances publiques.

En effet, soucieux de respecter la souveraineté budgétaire et monétaire des États membres, le droit communautaire est longtemps resté relativement indifférent aux finances publiques. Ce n'est évidemment plus le cas depuis l'entrée en vigueur du traité sur l'Union européenne (dit traité de Maastricht) et la mise en œuvre progressive de la monnaie unique. À cet égard, la troisième phase de l'UEM (Union économique et monétaire) a débuté le 1er janvier 1999; elle a consisté à fixer de manière irrévocable le taux de conversion entre les monnaies et la valeur de l'euro (6,55957 F pour 1); depuis le 1er janvier 2002, toutes les monnaies nationales ont été retirées et l'euro est devenu la monnaie unique des pays européens partenaires.

Le traité sur l'Union européenne a par ailleurs renforcé la nécessité de l'équilibre des finances publiques. En effet, l'art. 104 C du traité prévoit que les États membres doivent éviter les déficits publics excessifs (c'est-à-dire déficits cumulés de l'État, du secteur public local et du budget social de la nation). Le Conseil européen d'Amsterdam de 1997 a ainsi fixé le « Pacte de stabilité et de croissance » imposant aux États membres des contraintes budgétaires et prévoyant même un mécanisme de sanctions financières en cas de dérapage durable (déficit budgétaire supérieur à 3 % du PIB; dette des administrations publiques supérieure à 60 % du PIB). Toutefois, sous l'impulsion notamment de la France et de l'Allemagne et compte tenu des déficits constatés dans de nombreux pays membres, le Pacte a été refondu en mars 2005, vidant assez largement de leur substance les critères fixés (croissance anémique; prise en compte des réformes et des dépenses liées à l'Europe; niveau des investissements, réformes structurelles, efforts en matière de recherche et de développement, solidarité internationale, etc.).

Structure de la dette publique au sens du traité de Maastricht (en % du PIB)

Année	Total AP[1]	État	ODAC[2]	APL[3]	SS[4]
1995	55,1	40,1	2,8	9,3	2,8
1996	57,6	42,6	4,3	9,2	1,6
1997	58,5	43,7	4,5	8,3	2,0
1998	58,7	45,3	4,3	8,1	1,1
1999	58,5	45,8	3,8	7,7	0,9
2000	56,7	44,8	3,5	7,4	0,9
2001	56,2	45,1	3,1	7,1	0,9
2002	58,2	47,5	2,8	6,8	1,1
2003	62,8	50,4	3,5	6,9	2,0
2004	64,7	51,0	5,5	6,8	1,5

1. Administrations publiques.
2. Organismes divers d'administration centrale.
3. Administrations publiques locales.
4. Administrations de sécurité sociale.

Source : PLF 2006, *Rapport économique, social et financier,* tome 2, p. 63.

Les résultats des pays de l'Union européenne en 2005

	Dette (en % du PIB)	Déficit (en % du PIB)	Inflation (en %)	Taux de chômage
Critères	**60 %**	**3 %**	**2,70 %**	
Allemagne	67,7	-3,3	1,9	9,5
Autriche	62,9	-1,5	2,1	5,2
Belgique	93,3	0,1	2,5	8,4
Chypre	70,3	-2,4	2	5,3
Danemark	35,8	4,9	1,7	4,8
Espagne	43,2	1,1	3,4	9,2
Estonie	4,8	1,6	4,1	7,9
Finlande	41,1	2,6	0,8	8,4
France	**66,8**	**-2,9**	**1,9**	**9,7**
Grèce	107,5	-4,5	3,5	9,8
Hongrie	58,4	-6,1	3,5	7,2
Irlande	27,6	1	2,2	4,3
Italie	106,4	-4,1	2,2	7,7
Lettonie	11,9	0,2	6,9	8,9

	Dette (en % du PIB)	Déficit (en % du PIB)	Inflation (en %)	Taux de chômage
Lituanie	18,7	-0,5	2,7	8,3
Luxembourg	6,2	-1,9	3,8	4,5
Malte	74,7	-3,3	2,5	7,3
Pays-Bas	52,9	-0,3	1,5	4,7
Pologne	42,5	-2,5	2,2	17,7
Portugal	63,9	-6	2,1	7,6
Rep. tchèque	30,5	-2,6	1,6	7,9
Royaume-Uni	42,8	-3,6	2,1	4,7
Slovaquie	34,5	-2,9	2,8	16,3
Slovénie	29,1	-1,8	2,5	6,5
Suède	50,3	2,9	0,8	7,8

Source : Eurostat

Section 3
Les autres textes

En dehors des normes constitutionnelles, le droit public financier trouve également sa source dans des dispositions écrites plus classiques qu'il s'agisse des règlements des assemblées (I), de la loi elle-même (II) ou de textes réglementaires (III).

I - Les règlements des assemblées

Les règlements des assemblées ayant pour vocation de fixer les conditions de fonctionnement de chacune des deux chambres et leurs règles de procédure, certaines dispositions relatives aux débats financiers y sont contenues.

Pour l'Assemblée nationale il s'agit de la 2e partie (art. 117 à 121-3) du règlement qui traite spécifiquement de la « procédure de discussion des LF et des LFSS » auquel s'ajoutent les dispositions des articles 92 et 98 sur la recevabilité des amendements.

Pour le Sénat ce sont les articles 16-3 *bis*, 18-4, 18-5, 22, 31-2, 45, 46, 47 *bis* et 47 *bis-1*, 47 *quater*, 47 *nonies*, 59, 60 *bis* qui sont directement consacrés aux LF auxquelles se joignent les dispositions de l'art. 45 relatif à la recevabilité des amendements en matière de LF et de LFSS.

Ces textes, qui ne font pas partie du « bloc de constitutionnalité » alors même que leur constitutionnalité est certaine (contrôle de constitutionnalité obligatoire), ne font pour l'essentiel que préciser des dispositions constitutionnelles et organiques.

II - La loi

C'est la Constitution de 1791 qui, la première, a affirmé la compétence exclusive de la loi en matière financière aujourd'hui illustrée par les LF, les LFSS ou les lois ordinaires par exemple la partie législative du Code des juridictions financières (ci-après CJF).

Si les LF et les LFSS n'ont pas en principe de portée normative *(cf. infra)*, elles peuvent néanmoins contenir des dispositions permanentes et en particulier fiscales.

L'étendue du domaine réservé à la loi varie selon les personnes morales en cause : pour l'État, le législateur est compétent pour la détermination des ressources et des charges, la fixation des règles fiscales et financières. On rappellera que les impôts des collectivités territoriales, en tant qu'impositions de toute nature, relèvent du domaine de la loi. Dans le même esprit, c'est encore la loi qui fixe les règles budgétaires applicables aux collectivités territoriales. Ces règles, conditionnant directement la « libre administration des collectivités territoriales », sont aujourd'hui incluses dans le Code général des collectivités territoriales (art. L. 2311-1 s. pour les communes, L. 3311-1 s. pour les départements et L. 4311-1 s. pour les régions). Enfin, pour les finances sociales, le Parlement a reçu compétence, par les révisions constitutionnelles de 1996 et 2005, pour déterminer les conditions générales de l'équilibre financier de la sécurité sociale en prévoyant, par branche, les recettes et les objectifs de dépenses de l'ensemble des régimes obligatoires de base et, en particulier, l'objectif national de dépenses d'assurance maladie (ONDAM, *cf. infra*). Il n'avait jusqu'à cette date compétence que pour fixer les principes fondamentaux de la Sécurité sociale parmi lesquels son organisation financière : le Conseil constitutionnel (60-6L du 8 juillet 1960, *RJC* II-3; 60-10L du 20 déc. 1960, *RJC* II-5) ayant précisé que seule l'assiette des cotisations et la détermination des assujettis relevaient du législateur, le taux des cotisations reste, même après les révisions constitutionnelles de la compétence du pouvoir réglementaire.

III - Les textes réglementaires

Théoriquement, en matière financière, le pouvoir réglementaire devrait être uniquement dérivé de la loi elle-même. La répartition des compétences entre la loi et le règlement laisse toutefois à ce dernier certaines compétences normatives. C'est le cas tout particulièrement de la comptabilité publique puisque l'art. C. 34 ne la range pas dans le domaine de la loi. On relèvera cependant, qu'en application de l'art. 34 de la LOLF., les LF peuvent comporter toutes dispositions relatives à la comptabilité de l'État et au régime de la responsabilité pécuniaire des agents des services publics (art. 60 LFR du 23 févr. 1963).

Historiquement, c'est le marquis d'Audiffret qui se chargea plus particulièrement de la législation comptable de la Restauration (ordonnances du 14 septembre 1822 et du 31 mai 1838 notamment) et fut, encore le rédacteur du décret impérial du 31 mai 1862 portant règlement sur la comptabilité publique. Faisant suite à ce texte (d'où l'appellation parfois utilisée de « décret du centenaire »), le décret du 29 décembre 1962, portant Règlement général sur la comptabilité publique (RGCP), édicte aujourd'hui les règles essentielles du droit de la comptabilité publique. Ce décret de 1962, modifié le 29 décembre 1992, est donc nécessaire pour l'étude de l'exécution de la LF. Dans ce domaine, on constate que le pouvoir réglementaire excède bien souvent les limites du strict pouvoir réglementaire dérivé. Le gouvernement acquiert ainsi un moyen de gestion financière dans le cadre de la LF dont il précise ou anticipe l'utilisation des crédits.

Le pouvoir réglementaire (*cf.* chap. VI) intervient tout d'abord pour l'ouverture et la mise à disposition des crédits

« décrets de répartition des crédits » ; il pourra encore procéder à l'ouverture de crédits supplémentaires (décrets d'avances) et modifier l'affectation des crédits (transferts ou virements).

Enfin, il convient de rappeler que l'ensemble des actes, et notamment budgétaires, émanant des collectivités territoriales a un caractère réglementaire.

En revanche, en matière de LFSS l'intervention du pouvoir réglementaire n'est pas utile en dehors du domaine fiscal *(cf. infra)* ou de la fixation du taux des cotisations *(cf. supra)*.

Section 4
La jurisprudence

La mise en place des dispositions constitutionnelles de la Ve République a conduit à un développement important de la jurisprudence en tant que source du droit public financier surtout en raison de l'apport du Conseil constitutionnel (I). Il convient par ailleurs de tenir compte des jurisprudences plus classiques du Conseil d'État (II) et des juridictions financières (III).

I - La jurisprudence constitutionnelle

Depuis plus de 30 ans, le Conseil constitutionnel est devenu un véritable acteur du droit public financier (A), développant une jurisprudence abondante dont on donnera les lignes générales (B).

A - L'intervention du Conseil constitutionnel

Cette jurisprudence, dont l'importance matérielle ne cesse de croître, s'est surtout développée après 1974. Depuis lors, le Conseil constitutionnel est presque systématiquement saisi, du moins pour ce qui est des LF de l'année : depuis 1974, seules les LF pour 1989 et 1993 ne lui ont pas été soumises. Les parlementaires ont également saisi systématiquement le Conseil pour qu'il contrôle la constitutionnalité des LFSS successives.

En dehors de la saisine par les parlementaires, très largement majoritaire, les autres autorités de saisine ont également déféré certaines LF et continuent de le faire, même si cela reste marginal (président de l'AN : LFR 1976 et LF 1980; président du Sénat : LF 1974; Premier ministre : LFR 1960, LF 1965, LFR 1970 et LF 1977). Il convient enfin de signaler que le Conseil constitutionnel a été obligatoirement saisi des lois organiques de 1996, 2001 et 2005, contribuant par là même au développement d'un véritable droit constitutionnel financier.

B - Principaux apports de la jurisprudence constitutionnelle

Sans prétendre réaliser ici une analyse exhaustive de la jurisprudence constitutionnelle en la matière, on relèvera que le Conseil fait application de l'ensemble du bloc de constitutionnalité aux LF et LFSS. Par exemple, sur le fondement de l'art. 13 de la Déclaration de 1789 prévoyant l'égale répartition des impôts entre les citoyens en fonction de leurs facultés, le Conseil a estimé la création de l'impôt sur les grandes fortunes non contraire à la Constitution (Cons. const., 81-133 DC, 30 déc. 1981, *RJC* I-111). C'est d'ailleurs à propos d'une disposition fiscale d'une LF que le Conseil a reconnu pour la première fois en 1973 le principe d'égalité devant la loi (Cons. const., 73-51 DC, 27 déc. 1973, *RJC* I 28).

Son contrôle s'exerce également par rapport aux dispositions de la LOLF., le Conseil estimant même qu'il peut soulever d'office un moyen tiré de sa violation, notamment l'existence de « cavaliers budgétaires » *(cf. infra)*. Bien plus, le Conseil constitutionnel n'a pas hésité à mettre en œuvre un nouvel « objectif à valeur constitutionnelle » propre à la matière financière, à savoir la maîtrise des dépenses de santé (Cons. const., 90-283, 8 janv. 1991, *RJC* I-417), objectif au nom duquel le droit de propriété peut subir des atteintes; de même il a fait naître un nouveau principe budgétaire, la sincérité (Cons. const., 97395 DC, 30 déc. 1997, *RJC* I-732), aujourd'hui repris par les textes organiques; il a encore pu ériger en tant que « principe fondamental » l'équilibre économique et financier contenu dans les LF (Cons. const., 79-110 DC, 24 déc. 1979, *RJC* I-75).

Enfin, le Conseil constitutionnel semble admettre la possibilité de vérifier la constitutionnalité des dépenses prévues par la LF par rapport à des principes constitutionnels étrangers aux strictes règles financières. Ainsi le Conseil s'est assuré que certaines dispositions de la LF ne portaient pas atteinte à l'objectif constitutionnel relatif à la possibilité pour toute personne de disposer d'un logement décent (Cons. const., 95-371 DC, 29 déc. 1995, *RJC* I.653, § 3) ou au droit des travailleurs à participer à la détermination collective de leurs conditions de travail (Cons. const., 96-385 DC, *RJC* I-691). En matière de LFSS, l'apport du Conseil constitutionnel, pour être plus récent, n'en est pas moins essentiel, qu'il s'agisse par exemple du domaine des LFSS, de la notion de « cavaliers sociaux » (Cons. const., 96-379 DC, 16 juill. 1996, *RJC* I-679) ou des conditions générales de l'équilibre financier de la sécurité sociale (Cons. const., 97-388 DC, 20 mars 1997, *RJC* I 701).

Reste que, jusqu'à présent, la plupart des décisions rendues par le juge constitutionnel, y compris en matière de LFSS, concerne la présentation et la procédure d'adoption des LF et LFSS. Gageons qu'il en sera de même malgré l'intervention de la LOLF et de la LOLFSS.

II - La jurisprudence administrative

Juge naturel des actes du pouvoir réglementaire, le Conseil d'État pourrait être amené à statuer sur l'ensemble des actes émanant du pouvoir exécutif et ayant pour effet notamment d'exécuter ou de modifier les dispositions des LF. Or, force est de constater que les arrêts intervenus en cette matière ont eu essentiellement pour objet de refuser tout contrôle de légalité sur des actes qui, selon la Haute Assemblée, sont inopposables aux particuliers, voire aux parlementaires (CE, 27 févr. 1987, *M. Noir*, req. 64637). Reste que l'intervention du Conseil d'État a été très précieuse, notamment pour la détermination de la nature juridique de certains actes budgétaires. Elle l'est également s'agissant des actes budgétaires des collectivités territoriales.

Toutefois, en dehors des actes d'exécution des LF, le Conseil d'État peut toujours connaître des actes réglementaires du droit public financier, notamment dans le domaine de la comptabilité publique (par ex., le contentieux des ordres de recettes).

On signalera enfin que le Conseil d'État est juge de cassation des arrêts rendus par la Cour des comptes et la Cour de discipline budgétaire et financière.

III - La jurisprudence financière

Créée en 1807, la Cour des comptes est aujourd'hui régie essentiellement par le Code des juridictions financières. Elle exerce une double série de missions. En premier lieu, et c'est là son activité purement juridictionnelle, elle est juge des comptes des comptables publics de l'État et des autres personnes morales de droit public, soit en première instance (art. L. 111-1, al. 1 CJF), soit en appel des jugements définitifs des chambres régionales des comptes (art. L. 111-1, al. 2 CJF). Cette activité essentiellement comptable limite l'intérêt et l'importance de son intervention dans le cadre strict de l'exécution du budget.

Par ailleurs, la Cour des comptes exerce une très importante activité non juridictionnelle.

Dans ce cadre, la Cour assure un contrôle de la gestion de l'État telle qu'elle ressort des actes émanant des ordonnateurs. À cette occasion, elle peut déceler des irrégularités non plus comptables mais budgétaires. Elle informe les administrations des irrégularités qu'elle décèle ainsi et profite de ces occasions pour rappeler les règles essentielles du droit budgétaire dans des notes, référés et communications diverses.

En application des articles C. 47 et C. 47-1, elle assiste le Parlement et le gouvernement dans le contrôle de l'exécution des LF et de l'application des LFSS. Dans ce cadre, elle rédige un rapport conjoint au dépôt du projet de loi de règlement, relatif aux résultats de l'exécution de l'exercice antérieur et aux comptes associés, qui, en particulier, analyse par mission et par programme l'exécution des crédits (art. 58 LOLF) et un rapport sur l'application des LFSS (art. LO 132-3 CJF). Elle y dénonce des dysfonctionnements et des irrégularités et suggère des réformes. Enfin, dans un rapport annuel au président de la République (art. L. 136-1 et s. CJF), qui fait l'objet d'une médiatisation importante, elle dénonce des anomalies, des erreurs de gestion et des illégalités commises tant du point de vue budgétaire que comptable. C'est dans le même esprit que sont rendus (même art.) des rapports thématiques.

La LOLF accroît sensiblement la mission d'assistance du Parlement confiée à la Cour des comptes (art. 58). Celle-ci comprend notamment l'obligation de répondre aux demandes d'assistance formulées par le président et le rapporteur général de la commission chargée des finances de chaque assemblée (ci-après Commission des finances) dans le cadre des missions de contrôle et d'évaluation (art. 57) ; la réalisation de toute enquête demandée par les commissions de l'Assemblée nationale et du Sénat chargées des finances sur la gestion des services ou organismes qu'elle contrôle ; surtout, la certification de la régularité, de la sincérité et de la fidélité des comptes de l'État (cette certification est annexée au projet de loi de règlement et accompagnée du compte rendu des vérifications opérées) ainsi que des comptes des organismes nationaux du régime général et des comptes combinés de chaque branche et de l'activité de recouvrement du régime général (art. L. O 111-3-VIII CSS).

La Cour de discipline budgétaire et financière constitue la seconde juridiction financière supérieure. Mise en place par une loi du 25 septembre 1948, elle a pour vocation de sanctionner les éventuelles irrégularités commises par les ordonnateurs et particulièrement les violations du principe de séparation des ordonnateurs et des comptables *(cf. infra)*. Par voie de conséquence, son apport dans le domaine du droit budgétaire reste extrêmement limité.

Lire aussi

- Bouvier M., « Réhabiliter et refonder la science des finances publiques », in *Mélanges Paul Amselek,* Bruylant, 2005, p. 131
- Camby J.-P. (dir.), *La réforme du budget de l'État. La loi organique relative aux lois de finances,* LGDJ, coll. « Systèmes », 2e éd., 2002
- Collectif, « Réforme des finances publiques, réforme de l'État », *RF fin. publ.,* 2001, n° 73
- Catteau D., *La LOLF et la modernisation de la gestion publique,* Dalloz, coll. « Nouvelle Bibliothèque des thèses » (à paraître)
- Collectif, « La LOLF et les institutions politiques », *RF fin. publ.,* 2006, n° 94
- Collectif, « La LOLF. Une révolution silencieuse ? », *Rev. Trésor,* juill. 2006, n° spécial
- Damarey S., *Le juge administratif, juge financier,* Dalloz, coll. « Nouvelle bibliothèque de thèses », 2001
- Hertzog R., « À la recherche d'une théorie du système financier public complexe », in *Constitution et finances publiques, Études en l'honneur de Loïc Philip,* Economica, 2005, p. 401
- Lascombe M. et Vandendriessche X., « LOLF annotée », *Code administratif Dalloz,* 2007
- Potteau A., *Recherche sur l'autonomie financière des Communautés européennes et de l'Union européenne,* Dalloz, coll. « Nouvelle bibliothèque de thèses », 2004

Chapitre II

Lois de finances et lois de financement de la Sécurité sociale

Les deux actes juridiques que le Parlement doit connaître selon une procédure qui, nous le verrons, est très largement similaire, n'ont pourtant pas la même portée. Si la LF constitue autant un acte de prévision que d'autorisation, cette dernière caractéristique manque aux LFSS.

Section 1
Notion de lois de finances

Définir la LF suppose au préalable de la distinguer de la notion voisine de « budget ». En effet, le décret du 31 mai 1862 le définissait comme l'acte prévoyant et autorisant les recettes et les dépenses annuelles de l'État. Le décret du 19 juin 1956 apportait une innovation importante : le budget prévoit et autorise les charges et les ressources de l'État, ce qui implique qu'il comporte non seulement les entrées et les sorties d'argent à caractère immédiat et définitif, mais aussi les mouvements de fonds futurs ou temporaires qui ne comportent ni enrichissement ni appauvrissement : une avance de l'État à une collectivité est une charge et non une dépense ; le remboursement à l'État d'une créance est une ressource et non pas une recette ; un engagement de dépense pour l'avenir est une charge mais non une dépense puisqu'il n'implique pas de décaissement immédiat. Enfin, l'art. 6 de la LOLF indique que le budget décrit, pour une année, l'ensemble des recettes et des dépenses budgétaires de l'État. Ainsi la LF autorise ce que le budget se borne à décrire.

La LF doit par conséquent être appréhendée tant dans ses caractéristiques mêmes (I) que dans la nature des autorisations qu'elle contient (II).

I - Caractéristiques des lois de finances

La notion de LF doit être abordée du point de vue de sa définition (A), de sa diversité (B) et de sa nature juridique (C).

A - Définition des lois de finances

Du point de vue formel, les LF se définissent comme des lois votées par le Parlement selon la procédure prévue à l'art. C. 47 et par la LOLF. L'art. 1er de celle-ci indique que les LF déterminent, pour un exercice, la nature, le montant et l'affectation des ressources et des charges de l'État, ainsi que l'équilibre budgétaire et financier qui en résulte et tiennent compte d'un équilibre économique défini, ainsi que des objectifs et des résultats des programmes qu'elles déterminent. Ainsi, la LF constitue d'abord un acte d'autorisation : le gouvernement est autorisé à percevoir les recettes publiques et à mettre en œuvre les dépenses publiques.

Par ailleurs, l'art. 1er de la LOLF semble simplifier la définition de la notion puisqu'il énumère, de manière apparemment limitative, quatre catégories de LF : la LF de l'année, les LF dites rectificatives (LFR), la loi de règlement (LR) et les LF spéciales adoptées en application de l'art. C. 47 *(cf. infra)*. Cependant, une définition simplement énumérative ne peut satisfaire l'esprit.

Du point de vue matériel, les LF contiennent trois séries de dispositions. Il existe en premier lieu un domaine obligatoire, c'est-à-dire un certain nombre de dispositions que la LF (au moins de l'année) doit nécessairement comprendre et qui ne peuvent trouver leur place dans un autre texte (art. 34-III LOLF) : autorisation de perception des ressources de l'État et des impositions de toute nature affectées à des personnes morales autres que l'État (art. 34-I-1°), évaluation des recettes budgétaires (art. 34-I-2°), fixation des plafonds de dépenses et du plafond d'autorisation des emplois rémunérés par l'État (art. 34-I-6°), détermination des données générales de l'équilibre budgétaire (art. 34-I-7°), autorisations relatives aux emprunts et à la trésorerie et évaluation des ressources et charges de trésorerie (art. 34-I-8°), fixation du montant des autorisations d'engagement et des crédits de paiement par mission, budget annexe et compte spécial (art. 34-II)

En deuxième lieu, il existe un domaine exclusif des LF c'est-à-dire des dispositions qui ne peuvent trouver leur place que dans une LF mais qui n'y sont pas obligatoires : dispositions relatives aux ressources de l'État qui affectent l'équilibre budgétaire (art. 34-I-2°). Il s'agit de dispositions qui modifient le régime d'une ressource de l'État dès l'exercice sur lequel porte la LF (ex. : dispositions fiscales à effet immédiat aujourd'hui regroupées sous l'intitulé « mesures fiscales »); dispositions modifiant le rendement des ressources non fiscales de l'année (ex. « mesures diverses »). Le domaine exclusif s'étend encore (art. 34-I-3°) aux dispositions relatives aux affectations de recettes au sein du budget de l'État (c'est-à-dire au profit d'un budget annexe ou d'un compte spécial), à l'évaluation des prélèvements sur recettes (art. 35-I-4°), à la fixation du plafond de la variation nette de la dette négociable de l'État de plus d'un an (art. 34-I-9°), à la détermination des modalités selon lesquelles sont utilisés les éventuels surplus, par rapport aux évaluations de la loi de finances de l'années, du produit des impositions de toutes natures établies au profit de l'État (art. 35-I-10° issu de la LO du 12 juill. 2005), à la fixation, par programme, du plafond des reports (art. 34-II-4°) à l'autorisation de l'octroi des garanties de l'État (art. 35-II-5°) et de la prise en charge de dettes de tiers (art. 35-II-6°).

Enfin, les LF connaissent un domaine partagé, c'est-à-dire une série de dispositions qui n'ont pas obligatoirement leur place dans une LF (82-143 DC, 30 juill. 1982, *RJC* I 131). Il s'agit pour l'essentiel de la législation fiscale qui trouvera sa source soit dans des LF soit dans des lois ordinaires (soit encore, nous le verrons dans des LFSS pour certaines d'entre elles). La LOLF (art. 37-II-7°) mentionne en outre les dispositions affectant directement les dépenses budgétaires de l'année (pratique dite des articles

« rattachés » permettant par exemple de légiférer « sur le fond » suite à une modification de crédits affectant un service ou une politique publique), les modalités de répartition des concours de l'État aux collectivités territoriales, l'approbation des conventions financières, les dispositions relatives à l'information et au contrôle du parlement sur la gestion des finances publiques ainsi qu'à la comptabilité de l'État et à la responsabilité pécuniaire des agents publics.

Hors de ces domaines, les LF ne peuvent contenir d'autres dispositions. Il faut en effet laisser au législateur financier le temps de se consacrer pleinement aux dispositions de la LF sans que le texte ne soit alourdi par de multiples dispositions diverses. Dans le cas contraire, le Conseil constitutionnel sanctionne ce que l'on nomme des « cavaliers budgétaires » (proscrits depuis la Constitution de 1791).

B - Les différentes lois de finances

Outre la LF de l'année, il existe trois autres catégories de LF.

La LF de l'année doit pouvoir être rectifiée en cours d'année soit que des données nouvelles rendent caduques un certain nombre des dispositions qu'elle contenait soit que, son exécution avançant, le gouvernement se rende compte que des rectifications d'objectifs sont indispensables. Les lois qui modifient ainsi en cours d'année la LF de l'année sont dénommées LF rectificatives (LFR). Chaque année, une ou plusieurs lois de ce type sont adoptées. Elles revêtent une importance toute particulière lorsqu'elles sont consécutives à un changement politique induit par une modification du gouvernement, plus encore lorsque ce changement de gouvernement est la conséquence d'un changement de la majorité à l'Assemblée nationale.

L'art. 35 de la LOLF prévoit ainsi que seules les LFR peuvent venir modifier les dispositions des domaines obligatoire et exclusif de la LF de l'année. Elles doivent nécessairement comporter la fixation des plafonds de dépenses et le tableau d'équilibre qui en résulte.

On constate que les LFR deviennent de plus en plus de véritables lois de finances « ratificatives », en ce sens qu'elles interviennent en fin d'exercice pour permettre au gouvernement d'obtenir la ratification de mesures déjà exécutées (*cf.* par ex., LFR pour 2005 du 30 déc. 2005) ; bien plus, elles peuvent constituer pour le gouvernement un moyen discret de s'affranchir du souci de l'équilibre budgétaire affiché lors du vote de la loi de finances initiale. Les LFR modifient souvent les soldes budgétaires dans le sens du déséquilibre.

L'art. 53 LOLF formalise l'information parlementaire en matière de LFR qui doivent être accompagnées d'un rapport présentant les évolutions de la situation économique et budgétaire justifiant les dispositions qu'il comporte, d'une annexe explicative détaillant les modifications de crédits proposées et de tableaux récapitulant les mouvements intervenus par voie réglementaire et relatifs aux crédits de l'année en cours.

La loi de règlement constitue la troisième catégorie de LF. Elle vient terminer le cycle budgétaire commencé avec la LF de l'année. Elle arrête le résultat financier de chaque année civile et approuve définitivement les différences entre les résultats d'exécution tels qu'ils apparaissent et les prévisions telles qu'elles étaient contenues dans la LF de l'année et rectifiées par les LFR ; les dépassements constatés doivent résulter de circonstances de force majeure et être dûment justifiés. Qualifiée sans ambiguïté de « LF » par l'art. 1er de la LOLF, la loi de règlement fait l'objet d'un traitement particulier par le Conseil constitutionnel (Cons. const., 83-161 DC, 19 juill. 1983, *RJC* I-156) qui, *de facto*, l'exclut de cette catégorie. Il considère en effet que ces lois ne peuvent être, de plein droit, examinées selon la procédure d'urgence Au surplus, même si elles constituent formellement des LF, les lois de règlement n'en possèdent ni la structure (les deux parties ne s'y retrouvent pas) ni les caractères essentiels (la loi de règlement, à l'évidence, ne constitue ni un acte de prévision et n'ont donc pas à être adoptées dans les délais prévus à l'art. 47 C (Cons. const., 85-190 DC, 24 juill. 1985 : *RJC* I-226). Reste que la LOLF a entrepris une substantielle revalorisation des LR, tant dans leur contenu que dans les modalités et conséquences de leur examen *(cf. infra)*.

Les lois spéciales ne sont pas une création de la jurisprudence. Elles sont prévues à l'art. 45 de la LOLF, qui constitue l'application des dispositions de l'art. C. 47, al. 4. Trois types sont prévus : ou bien il s'agit d'une loi partielle (dont le gouvernement demande l'adoption avant le 11 déc. de l'année qui précède celle de l'exécution du budget) ne comportant que la première partie de la LF (ce qui conduira tout naturellement à faire adopter ultérieurement une autre loi partielle contenant la seconde partie); ou bien il s'agit d'une loi autorisant la perception des impôts existants jusqu'au vote de la LF de l'année (déposée par le gouvernement avant le 19 déc. de l'année qui précède celle de l'exécution du budget). L'utilisation de ce type de loi est la conséquence d'un dépôt tardif par le gouvernement du projet de LF. Il n'y a eu qu'une occasion d'appliquer ces dispositions. À la suite de la dissolution de l'Assemblée nationale en 1962, le gouvernement a fait adopter par le Parlement, une loi partielle contenant la première partie de la LF qui fut promulguée le 22 déc. 1962. La seconde partie fut promulguée dans une autre loi le 23 févr. 1963. Par ailleurs, les lois spéciales ont été mises en œuvre dans un cas non prévu par la législation organique de l'époque : en effet, dans sa décision du 30 déc. 1979 (79-111 DC, *RJC* I-77), le Conseil constitutionnel déclara non conforme à la Constitution la LF pour 1980. Afin de ne pas interrompre la continuité de l'État et devant l'impossibilité de faire adopter la LF avant le 31 décembre à minuit, le gouvernement fit adopter une loi exceptionnelle l'autorisant à percevoir les impôts et taxes existants. Bien que non prévue par l'énumération organique., cette loi fut qualifiée de LF par le Conseil constitutionnel au motif qu'elle comportait des dispositions qui figurent normalement dans une LF. C'est donc que le Conseil constitutionnel fit appel au critère matériel pour élargir la notion de LF. Cette solution est maintenue et consacrée par l'art. 45 al. 4 de la LOLF.

Mais les lois spéciales ont également été utilisées dans un cas qui n'était pas prévu. Les circonstances particulières qui conduisirent le gouvernement à utiliser fin 1979 une loi spéciale de perception des recettes ont déjà été rappelées.

C - La nature juridique des lois de finances

La variété des dispositions contenues dans les lois de finances ne permet pas de les qualifier de manière univoque. Réserve faite des lois de règlement qui n'ont à l'évidence aucun caractère normatif, la nature juridique des LF variera selon qu'elles contiendront des dispositions purement financières ou d'autres dispositions (par exemple fiscales).

La loi implique une règle de droit; or, il n'y a rien de tel dans le fait de prévoir un niveau de recettes et d'affecter les recettes créées par les lois existantes à l'exécution des dépenses publiques, lesquelles sont simplement autorisées. La LF apparaît ainsi, dans ses dispositions financières, comme un acte d'administration n'intéressant que les rapports entre le gouvernement et le Parlement et ne produisant d'effet direct qu'à l'égard des agents de l'administration chargés de l'exécuter. Elle n'est pas source de droits et d'obligations pour les administrés.

Quant à l'obligation fiscale, elle prend sa source soit dans les dispositions non financières de la LF (domaine partagé) soit dans les lois d'impôts. Les dispositions financières de la LF ne font qu'en autoriser l'application pour l'année considérée.

Ceci explique que le juge administratif refuse de voir dans ces dispositions financières une matière pouvant servir de base à une annulation contentieuse. Ainsi par exemple, le gouvernement peut légalement accorder par décret à des fonctionnaires une indemnité inférieure au crédit prévu à cet effet par la LF (CE, 28 mars 1924, *Jaurou*, D. 1924-III-29). Dans le même ordre d'idées, un fonctionnaire ne peut se prévaloir de l'inscription de son emploi au budget pour soutenir qu'il ne pouvait être supprimé (CE, 26 juill. 1946, *Valent-Falandry*, Rec. 221). De même encore, une activité contraire à une loi ordinaire ne devient pas pour autant licite dès lors qu'une LF lui ouvre un crédit (CE, 13 nov. 1953, *Ch. synd. du commerce des armes*, D. 1954-550). De même, l'inscription d'une mesure nouvelle dans un fascicule annexé à la LF a un caractère purement budgétaire et ne saurait fournir une base légale à une circulaire (CE, 20 mars 2002, *M. Masquelet, Rec.* CE 108).

Quant aux dispositions non financières, elles ont incontestablement un caractère normatif.

Il faut signaler ensuite que la LF est contrainte par la nécessité juridique de traduire financièrement les obligations contractées par le législateur ou le gouvernement sur le fondement d'une loi. Ainsi le Parlement doit voter les dispositions financières nécessaires à l'acquittement des dettes de l'État (ex. : traitements devant être versés aux agents publics). Une LF ne saurait avoir pour effet d'abroger une loi ordinaire ni de la priver de tout effet en refusant de voter les crédits nécessaires à son application (CE Ass. 12 mai 1967, *Ministre des armées c/de Corbier, Rec.* 211). De même, un ministre ne peut légalement s'exonérer du remboursement de frais de déplacement dus en se prévalant de l'insuffisance des crédits budgétaires pour ce faire (CE, 18 déc. 2002, *Ass. permanente des chambres des métiers, Rec.* CE T. 663).

L'art. 33 LOLF a prévu que lorsque des dispositions d'ordre législatif ou réglementaire sont susceptibles d'affecter les ressources ou les charges de l'État dans le courant de l'année, les conséquences de chacune d'entre elles sur les composantes de l'équilibre financier doivent être évaluées et autorisées dans la plus prochaine loi de finances afférente à cette année.

II - Les autorisations budgétaires

Le type d'autorisation n'est pas le même suivant qu'il s'agit des dépenses (A) ou des recettes (B).

A - Les autorisations budgétaires de dépenses

Une autorisation budgétaire de dépense est appelée un « crédit ». Après avoir déterminé la notion de crédit (1), on en décrira les différentes variétés (2).

1 - La notion de crédit

Un crédit est une autorisation de dépenser allouée aux personnes publiques. Normalement, il comporte deux éléments parfaitement indissociables : l'objet du crédit, c'est-à-dire ce à quoi il est destiné ; son montant, c'est-à-dire la somme allouée pour l'objet en question. Dans l'hypothèse des crédits de paiement, le législateur autorise, au moment où il vote le crédit, toutes les phases de l'opération de dépense, depuis sa décision jusqu'au paiement. À la différence des crédits de paiement, les autorisations d'engagement n'autorisent que la phase initiale de la dépense, c'est-à-dire la décision de dépenser appelée « engagement ». Autrement dit, la dépense ne sera pas nécessairement payée par le comptable sur l'exercice budgétaire au cours duquel elle a été engagée. Ce paiement interviendra lorsque des crédits de paiement correspondants auront été accordés. L'autorisation parlementaire est donc ici attribuée en plusieurs phases même si la plus importante est accordée d'emblée et que l'autre suivra de manière presque automatique. Il faudra néanmoins une nouvelle intervention du Parlement pour que les autres étapes de la dépense puissent être exécutées. L'art. 8 de la LOLF a étendu le système des autorisations d'engagement à l'ensemble des dépenses de l'État à l'exception des dépenses de personnel.

Il convient en outre de distinguer le crédit de différents éléments avec lesquels il est généralement confondu.

En premier lieu, un crédit n'est pas une somme d'argent. L'ouverture d'un crédit ne correspond pas à la remise d'espèces au service ou au fonctionnaire chargé de gérer le service. Un crédit est donc une simple autorisation juridique de faire une dépense et plus précisément de décider d'une dépense. En effet, en matière d'exécution budgétaire, le droit public financier repose sur une distinction entre les autorités chargées de décider des dépenses à faire (les « ordonnateurs ») et celles qui payent les dépenses ainsi décidées (les comptables). Les crédits habilitent simplement les ordonnateurs à prendre la décision de dépenser ou non, mais n'entraînent aucune manipulation de fonds.

En second lieu, le crédit ne s'assimile pas au fait générateur de la dette de la personne publique envers le créancier. Le crédit autorise l'ordonnateur à prendre un acte juridique dont va résulter une créance au profit d'un tiers. Mais cet acte juridique est indépendant de la naissance du crédit lui même. Puisqu'il n'est qu'une autorisation, le crédit ne crée pas de dette; dès lors et dans la plupart des hypothèses, le crédit sera antérieur au fait générateur de la dette constitué par la décision de dépenser.

2 - La variété des crédits

D'un point de vue terminologique, il est possible de distinguer les crédits selon le moment auquel ils sont ouverts. La classification se fera donc en fonction de l'acte juridique qui contiendra les crédits en question. Si les crédits sont contenus dans la LF de l'année, on parlera de crédits initiaux; s'ils sont contenus dans une LF rectificative on parlera de crédits additionnels, s'ils sont contenus dans la loi de règlement, on parlera de crédits complémentaires. Ces derniers sont accordés a posteriori pour simple régularisation des dépassements enregistrés dans l'exécution de la LF. Ces dépassements peuvent être irréguliers mais cela n'est pas toujours le cas, en particulier pour ce qui est des crédits évaluatifs *(cf. infra)*, pour lesquels des crédits complémentaires doivent nécessairement être adoptés lors du vote de la loi de règlement.

Mais c'est surtout en fonction de la marge de manœuvre laissée au gouvernement par l'autorisation parlementaire que doivent être distingués les crédits limitatifs et évaluatifs.

a. Les crédits limitatifs

Les crédits limitatifs sont les crédits de droit commun. Ainsi, à moins qu'il n'en soit expressément disposé autrement, tous les crédits sont limitatifs : c'est ce que prévoit clairement l'art. 9, al. 1er LOLF. Ces crédits ont une portée très stricte et la marge d'initiative du gouvernement est très limitée : il ne peut dépasser le montant du crédit. Cependant, et alors même que d'autres catégories de crédits d'utilisation plus souples étaient créées *(infra)* deux tempéraments ont été institués pour atténuer le caractère limitatif de ces crédits : tout d'abord, la « dotation pour dépenses accidentelles » prévue à l'art. 7-1° LOLF, destinée à faire face à des calamités, et pour dépenses imprévisibles; ensuite (art. 7-2°), une dotation pour mesures générales en matière de rémunérations dont la répartition par programme ne peut être déterminée avec précision au moment du vote des crédits. L'art. 11 prévoit qu'en tant que de besoin, les crédits ouverts sur la dotation pour dépenses accidentelles et imprévisibles sont répartis par programme, par décret pris sur le rapport du ministre chargé des Finances. C'est en revanche par arrêté du ministre des finances que sont répartis par programme les crédits ouverts sur la dotation pour mesures générales en matière de rémunérations, ouvertures qui ne peuvent abonder que des dépenses de personnel.

Enfin, pour certains comptes spéciaux (comptes de commerce, comptes d'opérations monétaire), la LF fixe des autorisations de découvert, c'est-à-dire un type spécial de crédit limitatif dans la mesure où les évaluations de recettes et les prévisions de dépenses ont un caractère indicatif. Le découvert autorisé ne pourra donc être majoré que conformément aux dispositions précédemment décrites pour les crédits limitatifs *(cf. infra)*.

b. Les crédits évaluatifs

Les crédits évaluatifs sont apparus pour la première fois en 1956. Prévus à l'art. 10 de la LOLF, ils offrent au gouvernement la souplesse la plus grande. Le montant inscrit en face de leur objet n'étant qu'une évaluation, ils peuvent être majorés sans procédure particulière. Les dépenses auxquelles s'appliquent les crédits évaluatifs s'imputent, au besoin, au-delà du montant inscrit. La LOLF est venue énumérer limitativement les dépenses pouvant faire l'objet de tels crédits évaluatifs, excluant, dans une volonté de responsabilisation des gestionnaires, les charges de pensions des fonctionnaires et les frais de justice. Il s'agit de la charge de la dette, des remboursements, dégrèvements et restitutions et de la mise en jeu des garanties accordées par l'État. En fait, dans ces hypothèses, la dépense est ici incertaine non seulement quant à son montant, mais également quant à son existence même : la charge de la dette peut ainsi augmenter en raison d'une hausse des taux d'intérêt ; de même, la garantie de l'État n'interviendra que dans la mesure où son bénéficiaire s'avère défaillant. Dans la mesure où le montant des dépenses imputées sur les crédits évaluatifs échappe à la connaissance du Parlement lors du vote de la LF, le ministre chargé des Finances doit informer les commissions des finances des motifs du dépassement et des perspectives d'exécution jusqu'à la fin de l'année, aucun délai n'étant toutefois précisé. Enfin, les dépassements de crédits évaluatifs font l'objet de propositions d'ouverture de crédits dans le plus prochain projet de loi de finances afférent à l'année concernée et les crédits évaluatifs ne peuvent faire l'objet de virements, transferts, reports ou de décrets d'avances.

B - Les autorisations budgétaires de recettes

Il convient de s'interroger sur les différents types d'autorisations de recette (1), avant d'envisager leur contenu (2).

1 - Les différents types d'autorisations budgétaires de recettes

Il existe deux types distincts d'autorisation budgétaire de recette : les autorisations fiscales et les autorisations non fiscales (les ressources budgétaires sont énumérées par l'art. 3 LOLF).

L'autorisation de percevoir l'impôt est délivrée chaque année par le Parlement. Si cette perception n'était pas autorisée, le gouvernement ne pourrait prélever les impôts pour l'année en cours. C'est la conséquence la plus importante du principe du consentement à l'impôt confirmé par l'art. 34-I-1° LOLF aux termes duquel « la LF autorise, pour l'année, la perception des ressources de l'État et des impositions de toute nature affectées à des personnes morales autres que l'État ». Elle est contenue à l'art. 1er de la LF de l'année toujours rédigé de la même manière.

Sans le vote de ce texte, l'État et l'ensemble des personnes bénéficiant de l'affectation de recettes fiscales se trouveraient paralysés. C'est la raison pour laquelle l'art. 45 LOLF prévoit des facilités données au gouvernement même lorsque celui-ci dépose trop tard le projet de LF de l'année *(cf. infra)*. Par ailleurs, on se souvient que la nécessité a conduit le gouvernement à faire adopter fin 1979 une loi spéciale l'autorisant à percevoir les impôts et taxes existants, avec l'assentiment du Conseil constitutionnel *(cf. supra)*.

Pour ce qui est des recettes non fiscales (art. 3, 2° à 7° LOLF), l'autorisation donnée par le Parlement est moins strictement réglementée. En fait, dans ce cas, le Parlement n'a pas à autoriser la perception des recettes perçues sur les usagers au sens classique de ce terme. Ce sont des dispositions législatives qui prévoient l'existence de ces recettes, mais de manière générique (amendes, redevances d'occupation du domaine public). L'art. 4 LOLF prévoit que la rémunération de services rendus par l'État peut être établie et perçue sur la base de décrets en Conseil d'État pris sur le rapport du ministre chargé des Finances et du ministre intéressé. Ces décrets deviennent caducs en l'absence d'une ratification dans la plus prochaine loi de finances afférente à l'année concernée. Si cette obligation de ratification constitue une innovation importante, le Conseil constitutionnel (Cons. const., 2001-448 DC, 25 juill. 2001, *JO* 2 août, p. 12490) a précisé que la ratification n'a pour objet que d'autoriser, au-delà de la date d'entrée en vigueur de la prochaine LF, la perception de ces rémunérations ; ainsi, en cas de refus de ratification par une LFR de fin d'année, la caducité ne vaudrait ainsi que pour les derniers jours de l'année civile.

PLF 2007 (en millions €)

Recettes fiscales nettes	267 171
Recettes non fiscales	26 832
Prélèvements sur les recettes de l'État	68 112
Fonds de concours	4 249
Total	**230 140**

2 - Le contenu des autorisations budgétaires de recettes

Il ne s'agit pas ici de donner une faculté au gouvernement en ce sens qu'il ne peut choisir de prélever ou de ne pas prélever l'impôt voté par le Parlement. L'autorisation vaut obligation de mettre en œuvre les moyens de procéder au recouvrement de l'impôt : il s'agit pour le gouvernement d'une compétence liée. Le gouvernement ne pourrait se soustraire à cette obligation qu'en retardant l'édiction des décrets d'application d'un nouvel impôt voté par le Parlement, voire en refusant de les prendre. La seule arme (mais est-elle réaliste ?) dont disposerait alors le Parlement, serait la motion de censure.

Par ailleurs, le montant indiqué dans la LF en face de chaque recette autorisée n'est pas impératif ; il n'est ni un maximum au-delà duquel le gouvernement ne pourrait plus prélever, ni un minimum à atteindre (nous sommes en effet dans le cadre de l'impôt de quotité et non plus celui de l'impôt de répartition). Il s'agit simplement d'une estimation du montant prévisible que chacune de ces recettes autorisées peut produire. Si ce rendement a été surévalué, le déficit se creusera, sauf à réduire les dépenses (dans le cadre d'une LF rectificative, soit en déclarant certains crédits sans objet). Si le rendement est supérieur, le déficit sera moindre à moins que le gouvernement n'utilise ce surplus de recette pour ouvrir de nouveaux crédits soit, là encore, dans le cadre d'une LF rectificative, soit par l'édiction de décrets d'avances.

C - Les autorisations relatives aux emprunts et à la trésorerie de l'État

Le budget de l'État étant structurellement déficitaire depuis plus de trente ans (41,6 Mds € prévus pour 2007), les recettes définitives doivent, chaque année, être complétées par des ressources de trésorerie et d'emprunt. L'art. 34-I-8° de la LOLF prévoit ainsi désormais que les autorisations relatives à ces dernières ressources figurent dans le domaine obligatoire de la LF.

Ces ressources sont constituées par le mouvement des disponibilités de l'État (dont le placement est effectué conformément aux autorisations générales ou particulières données par la LF), l'escompte et l'encaissement des effets de toute nature émis au profit de l'État, la gestion des fonds déposés par les correspondants (essentiellement les collectivités territoriales et leurs établissements publics) ainsi que les emprunts. La LOLF retient une conception extensive des opérations de trésorerie, proche de celle issue de l'art. 113 du RGCP. Par exemple, la reprise par l'État de la dette d'un organisme tiers constitue une opération de trésorerie et non une opération budgétaire comme l'avait suggéré la Cour des comptes. L'information parlementaire sur les opérations de trésorerie sera assurée par divers moyens : tableau de financement (art. 34 I 8°); fixation du plafond de la variation de la dette négociable de l'État d'une durée supérieure à 1 an (art. 34-I-9°); approbation des comptes de l'État (art. 37 III) lors de l'examen du PLR.

L'ensemble de ces ressources est centralisé sur un compte unique ouvert à la Banque de France et géré par l'Agence France Trésor (service à compétence nationale placé sous l'autorité du Directeur général du Trésor et de la politique économique) qui pratique ce que l'on appelle désormais la gestion active de la dette (mouvements de l'ordre de 25 Mds € par jour). On signalera que ces opérations sont retracées au sein d'un compte de commerce (n° 903) intitulé « Gestion de la dette et de la trésorerie de l'État ».

1 - Le recours aux correspondants du Trésor

La notion de correspondants du Trésor recouvre l'ensemble des personnes physiques ou morales, publiques ou privées qui sont détentrices d'un compte ouvert dans les écritures du Trésor. Les correspondants obligatoires du Trésor sont ceux qui doivent, en application de dispositions législatives ou réglementaires, déposer leurs fonds disponibles au Trésor public. C'est le cas des services de l'État disposant d'un budget annexe, des collectivités territoriales et de leurs établissements publics. L'art. 26-3° LOLF prévoit que seule la LF peut déroger au principe du dépôt obligatoire des disponibilités des collectivités territoriales et de leurs établissements publics auprès de l'État. Enfin, on soulignera l'importance de la Caisse des dépôts et consignations qui draine des flux financiers considérables, en particulier en provenance des réseaux de caisses d'épargne.

Les autres correspondants du Trésor sont constitués par des organismes ou des personnes qui ont des caisses distinctes de celles de l'État mais qui, en vertu de conventions ou de manière spontanée, versent tout ou partie de leurs liquidités au Trésor.

Les fonds déposés par ces correspondants peuvent être utilisés par l'Agence France Trésor pour combler des déficits de trésorerie ou financer le déficit budgétaire. Ceci résulte de l'application du principe d'unité de caisse *(cf. infra)*. En effet, l'ensemble des fonds qui sont déposés au Trésor est confondu au sein d'une caisse unique. Ainsi, quelle que soit leur affectation finale (État, collectivités territoriales, établissements publics, etc.), les fonds peuvent, tant qu'ils sont dans la caisse du Trésor, être utilisés par l'État, notamment pour financer sa trésorerie. La seule réserve consiste à assurer à tout moment la disponibilité de ces fonds : par exemple, le Trésor doit être en mesure à tout moment d'assurer le paiement de telle dépense locale.

2 - Le recours à l'emprunt

Dès lors que l'art. C. 34 prévoit que les LF déterminent les ressources et les charges de l'État, l'emprunt d'État ne peut être émis qu'en vertu d'une autorisation législative (art. 34-I-8° LOLF). Toutefois, cette autorisation n'est donnée que de manière générale par la LF qui ne mentionne pas les caractéristiques techniques des emprunts à émettre. C'est par décret que sont prévues les modalités de l'emprunt et la forme de son émission ainsi que les avantages consentis aux souscripteurs. La LF procède également à une évaluation des ressources de trésorerie qui concourent à la réalisation de l'équilibre financier du budget (133,4 Mds€ en 2006) et autorise le ministre de l'économie et des finances à procéder à l'émission, la conversion et la gestion des emprunts (qui prennent essentiellement la forme d'émissions d'obligations assimilables du Trésor, OAT).

L'emprunt se définit comme un contrat de droit public librement souscrit par le prêteur qui, à l'échéance, obtiendra le remboursement de son capital.

La formule la plus ancienne de recours au marché réside dans l'émission de bons du Trésor qui, dans leur nature originelle (bons émis dans le public), ont pratiquement disparu. Le Trésor procède ainsi à l'émission d'emprunts de moyen ou long terme, de 2 à 30 ans et d'emprunts de court terme à un an ou moins, pour couvrir notamment les décalages de trésorerie. Les émissions ont lieu pour l'essentiel sous forme d'adjudications, hebdomadaires pour les emprunts à court terme, mensuelles pour les opérations à moyen ou long terme. Les adjudications sont ouvertes et peuvent intéresser tous les types d'investisseurs, y compris les ménages par l'intermédiaire des établissements financiers. Depuis 2003, l'Agence France Trésor s'appuie sur les spécialistes en valeur du Trésor (SVT), établissements financiers français et étrangers leaders sur les marchés obligataires mondiaux.

L'Agence France Trésor cherche à réduire le poids des intérêts de cette dette et développe des actions commerciales auprès du plus grand nombre possible d'investisseurs afin de les inciter à souscrire sachant que plus la demande est forte, plus faible sera le coût de l'endettement.

Le succès d'un emprunt dépend essentiellement des avantages qu'il offre aux souscripteurs : taux d'intérêt, indexation, avantages fiscaux (prélèvement libératoire ou exonération fiscale) et sécurité du titre.

Le service de l'emprunt consiste à verser l'intérêt prévu et à rembourser le capital. Cette dernière opération peut être réalisée soit annuellement, soit globalement à l'échéance de l'emprunt.

Dans le but d'alléger la charge de la dette publique et de s'assurer un minimum permanent de trésorerie, l'État utilise principalement trois techniques.

La consolidation tout d'abord lui permet de transformer un emprunt à court ou moyen terme arrivé à échéance en emprunt à plus long terme. L'État évite ainsi d'avoir à rembourser immédiatement le capital souscrit. À défaut d'y être contraint (consolidation forcée), le souscripteur n'acceptera cette opération que dans la mesure où les avantages attachés au nouvel emprunt l'y incitent.

La conversion ensuite consiste à échanger un titre d'emprunt par un autre de même valeur de capital mais dont les intérêts ou avantages consentis sont moins onéreux à court terme pour le budget de l'État.

Consolidation et conversion peuvent se combiner en une seule opération quand l'État propose au souscripteur une alternative entre le remboursement anticipé d'un emprunt ou son échange contre un nouvel emprunt à plus long terme.

Le rachat enfin permet à l'État, lorsque ses recettes permanentes le lui permettent, de reprendre des emprunts anciens dès lors que cela est financièrement avantageux.

Section 2
Notion de loi de financement de la Sécurité sociale

Les LFSS ne peuvent être assimilées à des « LF sociales ». En effet, si une tentative de réforme instituant de telles lois a été entreprise en 1987, elle n'a pas été reprise dans le cadre de la révision constitutionnelle de 1996 poursuivie en 2005 qui limite la portée des LFSS. Par conséquent, la notion de LFSS sera suffisamment cernée par l'étude de sa définition (I) de ses variétés (II) et de sa nature juridique (III).

I - Définition des lois de financement

Du point de vue formel, les LFSS se définissent comme des lois votées par le Parlement selon la procédure prévue à l'art. C. 47-1 et par la loi organique de 1996 modifiée en 2005. Mais la similitude avec les LF s'arrête là malgré un certain accroissement de la normativité des LFSS en 2005. De manière générale (art. LO 111-3-I CSS), la LFSS retrace l'équilibre financier de la sécurité sociale dans des tableaux d'équilibre présentés par branche et établis pour l'ensemble des régimes obligatoires de base et, de manière spécifique, pour le régime général ainsi que pour les organismes concourant au financement de ces régimes. Elle arrête la liste des régimes obligatoires de base et des organismes concourant à leur financement habilités à recourir à des ressources non permanentes, ainsi que les limites dans lesquelles leurs besoins de trésorerie peuvent être couverts par de telles ressources.

De manière plus spécifique, la LFSS approuve le rapport du gouvernement décrivant les prévisions de recettes et les objectifs de dépenses par branches des régimes obligatoires et du régime général ainsi que les prévisions de recettes et de dépenses des organismes concourant au financement de ces régimes pour les quatre années à venir; elle prévoit les recettes et fixe les objectifs de dépenses de l'ensemble des régimes obligatoires de base et celles du régime général. Elle fixe l'ONDAM de l'ensemble des régimes obligatoires de base ainsi que ses sous-objectifs. Elle détermine l'objectif d'amortissement au titre de l'année à venir des organismes chargés de l'amortissement de la dette des régimes obligatoires de base et prévoit, par catégorie, les recettes affectées aux organismes chargés de la mise en réserve de recettes à leur profit.

Le domaine obligatoire des LFSS s'étend encore (art. LO 111-3-III) à l'affectation à toute autre personne morale ou à la mise en réserve d'une recette des régimes obligatoires de base de sécurité sociale (et des organismes concourant à leur financement).

Enfin, elle approuve le montant de la compensation afférente aux mesures de réduction ou d'exonération de cotisations ou de contributions de sécurité sociale et peut créer ou modifier des mesures de réduction ou d'exonération de cotisations de sécurité sociale non compensées aux régimes obligatoires de base (art. LO 111-3-IV).

Ainsi, les LFSS approuvent des orientations, prévoient les recettes ou fixe des objectifs de dépenses et constituent d'abord un acte de prévision.

Ensuite, l'art. LO 111-3-V prévoit la compétence partagée entre LFSS et lois ordinaires. Il s'agit pour l'essentiel des dispositions relatives aux régimes obligatoires de base ou aux organismes concourant à leur financement qui affectent leur équilibre financier, qui modifient les règles relatives aux cotisations et contributions qui leur sont affectées ainsi que les règles relatives à leur trésorerie et à leur comptabilité. S'y ajoutent les règles relatives à la gestion des risques par les régimes obligatoires de base ainsi que les règles d'organisation ou de gestion interne de ces régimes et des organismes concourant à leur financement, si elles ont pour objet ou pour effet de modifier les conditions générales de l'équilibre financier de la sécurité sociale. Enfin, le domaine partagé s'étend encore aux dispositions améliorant l'information et le contrôle du Parlement sur l'application des lois de financement de la sécurité sociale et les dispositions relatives aux organismes qui financent et gèrent des dépenses relevant de l'objectif national de dépenses d'assurance maladie.

Enfin, on doit encore admettre que font partie du domaine partagé les dispositions créant ou modifiant des recettes fiscales affectées au financement de la sécurité sociale (en particulier CSG) qui peuvent désormais trouver leur place dans les LFSS, dans les LF ou des lois ordinaires. L'art. 52 LOLF prévoit qu'en vue de l'examen et du vote du PLF et du PLFSS de l'année suivante par le Parlement, le gouvernement présente à l'ouverture de la session ordinaire un rapport retraçant l'ensemble des prélèvements obligatoires ainsi que leur évolution. Ce rapport comporte l'évaluation financière, pour l'année en cours et les deux années suivantes, de chacune des dispositions, de nature législative ou réglementaire, envisagées par le gouvernement. Ce rapport peut faire l'objet d'un débat à l'Assemblée nationale et au Sénat.

Hors de ces domaines, les LFSS ne peuvent contenir d'autres dispositions, le Conseil constitutionnel n'hésitant pas à censurer les « cavaliers sociaux ». Il vérifie ainsi que la disposition en cause concourt de façon significative aux conditions générales de l'équilibre financier de l'assurance maladie; à défaut, elle est étrangère, au domaine des LFSS (Cons. const., 98-404 DC, 18 déc. 1998, *RJC* I-774); c'est par exemple le cas d'une disposition qui précise les compétences des conciliateurs exerçant dans les caisses d'assurance maladie (Cons. const., 2005-528 DC, 15 déc. 2005, *JO* 20 déc., p. 19561). Le Conseil censure également les dispositions qui n'ont qu'une incidence future ou indirecte sur cet équilibre (Cons. const., 99-422 DC, 21 déc. 1999, *RJC* I-861). À noter ainsi que pour la première fois, le Conseil constitutionnel a censuré une disposition d'une LFSS au motif qu'elle ne contribuait pas au contrôle du parlement sur l'application des LFSS; il s'agissait en l'espèce d'un article de la LFSS pour 2002 qui faisait obligation au gouvernement de déposer un rapport exposant les conditions dans lesquelles les techniciens des laboratoires hospitaliers pourraient être classés en « catégorie B active » de la fonction publique hospitalière (Cons. const., 18 déc. 2001, no 2001-453 DC, *JO* 26 déc., p. 20582).

II - Les différentes catégories de lois de financement

L'art. LO 111-3-II énumère deux catégories de LFSS : les LFSS de l'année dont nous venons de décrire le contenu et les LFSS rectificatives qui peuvent seules modifier les dispositions obligatoires de la LFSS de l'année. Il convient toutefois de préciser que l'art. LO 111-3-I-B autorise la LFSS de l'année (2e partie) à rectifier les dispositions relatives à l'année en cours (prévisions de recettes, tableaux d'équilibre, objectifs de dépenses et ONDAM), rendant ainsi largement inutile l'intervention d'une LFSS rectificative. Il n'est fait aucune allusion à une LFSS qui viendrait, en fin de cycle, s'assurer du respect des dispositions contenues dans les LFSS de l'exercice. À vrai dire, c'est la encore la conséquence du caractère uniquement prévisionnel des LFSS; n'autorisant rien, le Parlement n'est pas véritablement amené à contrôler, du moins par le vote d'une loi, le respect des prescriptions des LFSS. D'ailleurs (art. LO 111-3-I-A), c'est dans la 1re partie de la LFSS de l'année que le Parlement approuve les tableaux d'équilibre afférents au dernier exercice clos. L'art. LO 111-3 a pour objet de faire obstacle à ce que les conditions générales de l'équilibre financier, telles qu'elles résultent de la LFSS de l'année, modifiée, le cas échéant, par des LFSS rectificatives, ne soient compromises par l'application de textes législatifs ou réglementaires dont les incidences sur les conditions de cet équilibre, dans le cadre de l'année, n'auraient pu, au préalable, être appréciées et prises en compte par une loi de financement (Cons. const., 97-388 DC, 20 mars 1997, *RJC* I-701 et art. LO 111-3-VI).

On notera enfin que l'art. LO 111-4 CSS, dans le prolongement et l'esprit de la LOLF, énumère les documents qui doivent accompagner le projet de LFSS, notamment une annexe présentant, pour les années à venir, les programmes de qualité et d'efficience relatifs aux dépenses et recettes de chaque branche ainsi qu'un récapitulatif des objectifs pluriannuels de gestion et des moyens de fonctionnement dont les organismes des régimes obligatoires de base disposent pour les atteindre.

III - La nature juridique des lois de financement

On retrouvera ici l'ambivalence déjà constatée pour les LF : il faut distinguer selon que les dispositions en question ont ou non un caractère fiscal. Pour les autres dispositions, et si l'on exclu les dispositions normatives évoquées ci-dessus, il est hors de doute qu'elles n'ont aucun caractère contraignant. Nous sommes ici dans le cadre d'un « droit de l'aléatoire » d'un droit de l'orientation ou de la programmation. La LFSS n'est pas sans rappeler peu ou prou la loi de Plan ou les lois de programmes qui ont aussi pour but de « déterminer des objectifs » (art. C. 34 et C. 70). Du reste, on notera qu'il n'est pas prévu que des décrets viennent d'une manière ou d'une autre assurer l'exécution des dispositions financières de ces lois. À ce titre, il va de soi qu'elles ne contiennent pas de règles de droit et ne peuvent donc servir de base à une quelconque annulation contentieuse.

On doit pourtant s'interroger sur la valeur réelle de l'objectif national de dépense d'assurance maladie prévu à l'art. LO 111-3-I-4° CSS. En effet, les ordonnances du 24 avril 1996 y font expressément référence. Il sert de base tant pour la conclusion des conventions d'objectifs signées entre l'État et les caisses nationales d'assurance maladie que pour déterminer les honoraires des médecins de ville dans le cadre des conventions qu'ils passent avec la Sécurité sociale. Dès lors, à travers ces mécanismes conventionnels, l'objectif en question connaît une certaine normativité.

Enfin, il faut rappeler que le législateur organique a souhaité limiter les possibilités de recours aux recettes non permanentes. En effet (art. LO 111-3-C-2°-e), la LFSS arrête la liste des régimes et des organismes concourant à leur financement habilités à recourir à des ressources non permanentes ainsi que les limites dans lesquelles leurs besoins de trésorerie peuvent être couverts par de telles ressources. Les plafonds de trésorerie ainsi fixés ont donc un caractère impératif. Si une possibilité de majorer ces plafonds est prévue (art. LO 111-9-2), elle n'est pas sans rappeler les dispositions de l'art. 13 de la LOLF relatives aux décrets d'avance.

En effet, en cas d'urgence, les plafonds de trésorerie peuvent être majorés. La procédure est ici un combiné des deux mécanismes de décrets d'avance *(cf. infra)*. L'urgence suffit, mais les décrets sont pris en Conseil des ministres (ce qui suppose l'intervention du président de la République et complique donc l'opération en période de cohabitation) et après avis du Conseil d'État et information des commissions des affaires sociales des deux assemblées. Quant à la ratification par le Parlement elle n'intervient que dans le cadre de la plus prochaine LFSS, qu'il s'agisse d'une loi rectificative ou de la loi annuelle suivante. Les mêmes remarques quant au caractère purement formel de l'urgence supposée et de la ratification tardive peuvent bien sûr être reprises ici. On doit cependant noter qu'il n'est pas prévu que cette procédure puisse affecter l'équilibre fixé par la LFSS, qui reste donc bien un objectif intangible, théoriquement du moins.

Lire aussi

- Amselek P., « Impositions et cotisations obligatoires », in *Constitution et finances publiques, Études en l'honneur de Loïc Philip,* Economica, 2005, p. 239
- Buisson J., « Le grand désordre des qualifications fiscales : l'exemple de la CSG », in *Constitution et Finances publiques, Études en l'honneur de Loïc Philip,* Economica, 2005, p. 309
- Camby J.-P., « Cavaliers », in *Constitution et Finances publiques, Études en l'honneur de Loïc Philip,* Economica, 2005, p. 319
- Lascombe et Vandendriessche, « Le Parlement et les finances sociales : l'échec relatif des lois de financement de la sécurité sociale », *RDSS*, n° 2004. 638
- Muzellec R., « Du caractère fondamental des LF rectificatives, Études de finances publiques », *Mélanges Gaudemet*, Economica, 1984, p. 173
- Pellet R., *Leçons de droit social,* Sirey, coll. « Intégral concours », 2004 ; *Les finances sociales : économie, droit et politique,* LGDJ, coll. « Systèmes », 2001 ; (Dir.), *Finances publiques et redistribution sociale,* Economica, 2006
- Philip L., « Impositions de toutes natures, redevances, cotisations sociales et prélèvements obligatoires », in *Mélanges Paul Amselek,* Bruylant, 2005, p. 677
- Saidj L., « La loi de règlement et le développement du contrôle parlementaire de la Restauration à nos jours », *RF fin. publ.,* n° 51-1995, p. 171
- Schoettl J.-Y., « La réforme des LFSS devant le Conseil constitutionnel », *RFD adm.,* 2006. 126

Chapitre III

Les principes financiers

Le droit public financier est fondé sur un certain nombre de principes hérités du XIXe siècle qui, malgré de nombreuses atténuations, sont encore invoqués comme des dogmes. Ce sont les principes d'annualité (sect. 1), d'unité (sect. 2) et d'universalité (sect. 3).

On doit en outre ajouter au nombre de ces principes, une règle essentielle mais qui ne fut jamais « sacralisée » : la spécialité entièrement rénovée par la mise en œuvre de la LOLF (sect. 4). Le dernier des principes traditionnels connaît un sort particulier. Un temps devenu une simple imprécation, il a retrouvé une valeur sans doute moins absolue que par le passé, mais au moins aussi contraignante du fait de l'intégration communautaire : l'équilibre budgétaire (sect. 5). Enfin, depuis 1993, le Conseil constitutionnel fait référence, dans ses décisions, à un principe de « sincérité budgétaire » qui a été consacré par la LOLF et la LO de 2005 relative aux LFSS (sect. 6).

Section 1

Le principe de l'annualité

Apparu pour la première fois dans la Constitution de 1791, le principe d'annualité signifie en premier lieu que les LF ou les LFSS doivent être présentées et votées avant le début de chaque année : c'est le principe d'antériorité (qui confère à ces lois leur caractère prévisionnel). En cas de non-respect de cette obligation, on mettait en œuvre en matière budgétaire, sous les républiques précédentes, le système des douzièmes provisoires (renouvellement mensuel de l'autorisation d'engager les dépenses et de percevoir les recettes). Aujourd'hui, les LF et LFSS peuvent être mises en vigueur par ordonnance (art. C. 47 et C. 47-1).

Mais surtout, l'annualité signifie que les budgets publics sont votés pour un an. Cette règle a des conséquences tant sur le contenu de ces lois (I) que pour ce qui concerne leur exécution (II).

I - L'annualité du contenu des lois de finances et de financement

Les dispositions contenues dans les LF ou dans les LFSS ne sont, en principe valables qu'une année.

Pour les recettes budgétaires, la conséquence de l'annualité est l'absence d'impôt permanent (art. 1er LOLF). C'est l'objet de l'art. 1er de chaque LF que d'autoriser le gouvernement à percevoir tous les impôts comme d'ailleurs les autres recettes de l'État *(cf. supra)*.

Ce principe s'applique aussi aux dépenses budgétaires. Le gouvernement ne peut dépenser dans l'année que les crédits de paiement qui lui ont été ouverts et, s'il ne les dépense pas, ces crédits ne sont théoriquement pas reportables sur l'exercice suivant (art. 15-1° LOLF). L'affirmation selon laquelle le budget contient des dispositions valables une seule année conduit hélas à nier les prévisions financières à long terme. Ceci a rendu nécessaire un tempérament : les autorisations d'engagement prévues aux art. 8 et 15 de la LOLF *(cf. supra)*. Par ailleurs, les documents annexes remis aux parlementaires, notamment le rapport sur la situation et les perspectives économiques, sociales et financières de la nation (art. 50 LOLF) lors de l'examen du projet de LF tendent à situer le débat parlementaire dans un cadre pluriannuel. Il en va de même des LFSS qui comportent désormais 4 parties : dernier exercice clos; année en cours; recettes et équilibre général pour l'année à venir; dépenses pour l'année à venir.

Dans le cadre des LFSS, l'art. LO 111-3 CSS prévoit également cette annualité : tous les éléments contenus dans les LFSS, orientations, prévisions de recettes, objectifs de dépenses, etc. sont fixés pour un an. Reste que la LFSS comporte une annexe permettant de resituer le débat parlementaire dans un cadre pluriannuel.

II - L'annualité de l'exécution des lois de finances

Le principe d'annualité présente une autre acception dans le cadre budgétaire. Il signifie que l'exécution de toutes les recettes et toutes les dépenses doit s'effectuer entre le 1er janvier et le 31 décembre (art. 15-I LOLF). En pratique, la totalité des opérations ne peut s'opérer dans le cadre de l'année civile compte tenu de la lourdeur et de la complexité des opérations financières de l'État. Ainsi, une question se pose : à quel exercice convient-il de rattacher les crédits ouverts en 2006, engagés en 2006 mais payés en 2007 ? Deux solutions sont possibles et ont chacune leurs avantages et leurs inconvénients.

Si l'opération de dépense est rattachée à l'année au cours de laquelle elle est engagée et l'opération de recette à l'année au cours de laquelle elle est constatée, on applique le système dit de « l'exercice ». Dans notre exemple, le rattachement se fera donc à l'exercice 2006. On ne tient donc pas compte du rattachement matériel des opérations, le système reposant sur l'exercice pour lequel elles ont été autorisées, quelle que soit la date de leur réalisation effective. Avec ce système il n'y a jamais de rupture dans le fonctionnement de l'administration qui peut, même le dernier jour de l'année budgétaire, utiliser des crédits dont elle disposerait. En revanche, il y a impossibilité de clore les comptes à une date fixe. Il est donc impossible de connaître exactement quelles ont été les conditions d'exécution du budget.

À l'opposé si le rattachement se fait à l'année budgétaire au cours de laquelle la dépense est effectivement ordonnancée et payée et la recette effectivement encaissée, on applique le système dit de la « gestion ». Dans notre exemple le rattachement se fera à l'exercice 2007. Évidemment, les avantages du premier système deviendront les inconvénients du second et inversement. Ainsi, pour être assuré que les opérations seront achevées au 31 décembre de l'année, une date limite (généralement fin novembre) sera fixée au-delà de laquelle il ne sera plus possible d'engager des actions sur le budget en cours. Il y a donc apparition d'une interruption dans le fonctionnement de l'administration, qui, durant quelques semaines, ne pourra rien entreprendre. En revanche, il est possible, le jour même de la fin de l'exercice, de savoir comment le budget a été réellement exécuté. Le droit français a opté pour le système de la gestion (art. 28 LOLF) : les dépenses sont prises en compte au titre du budget de l'année au cours de laquelle elles sont payées par les comptables assignataires. Toutes les dépenses doivent être imputées sur les crédits de l'année considérée, quelle que soit la date de la créance. Quant aux recettes, elles sont prises en compte au titre du budget de l'année au cours de laquelle elles sont encaissées par un comptable public.

En fait, la date butoir du 31 décembre n'est pas aussi stricte. Il sera encore possible de payer sur les crédits de l'exercice précédent des dépenses qui auraient été engagées avant la date limite fixée par le comptable. Cette période complémentaire ne peut excéder 20 jours. En outre, lorsqu'une loi de finances rectificative est promulguée au cours du dernier mois de l'année civile, les opérations de recettes et de dépenses qu'elle prévoit peuvent être exécutées au cours de cette période complémentaire.

Pourtant, face à la rigidité du système de la gestion, des tempéraments portant atteinte à l'annualité ont dû être admis. Outre les autorisations d'engagement *(cf. supra)*, deux autres amendements sont prévus.

En vertu de l'art. 9 al. 2 LOLF et de l'art. 108 de la LF pour 2005 (n° 2004-1484 du 30 déc. 2004), le gouvernement dispose de la possibilité de réaliser des engagements par anticipation. Il s'agit ici de pallier les difficultés qui apparaissent lorsque l'on se situe en fin d'année et qu'il n'est plus possible d'engager des dépenses sur les crédits de l'année en cours. Ainsi, à partir du 1er novembre de chaque année et dans la limite du quart des crédits de l'année en cours ouverts par les LF sur les titres correspondants de chaque programme ou dotation, les engagements de dépenses autres que de personnel et d'investissement peuvent être pris sur les crédits de l'année suivante. Ces engagements indiquent que l'exécution du service ne pourra intervenir avant le 1er janvier.

En deuxième lieu, et malgré l'interdiction de principe posée par l'art. 15, la LOLF prévoit que les autorisations d'engagement et les crédits de paiement disponibles en fin d'exercice peuvent être reportés sur l'exercice suivant par arrêté conjoint du ministre des Finances et du ministre concerné, la date limite de publication des arrêtés de report étant fixée au 31 mars (afin de lutter contre la pratique des reports). La LOLF fixe également de nouveaux plafonds de report : les crédits inscrits sur le titre des dépenses de personnel du programme bénéficiant du report peuvent être majorés dans la limite de 3 % des crédits initiaux inscrits sur le même titre du programme à partir duquel les crédits sont reportés; les crédits inscrits sur les autres titres du programme bénéficiant du report peuvent être majorés dans la limite globale de 3 % de l'ensemble des crédits initiaux inscrits sur les mêmes titres du programme à partir duquel les crédits sont reportés. S'agissant des comptes d'affectation spéciale, le montant des reports ne peut être supérieur au solde du compte

On notera que le solde de chaque compte spécial est reporté sur l'année suivante. Enfin, les fonds de concours *(cf. infra)* non utilisés peuvent être reportés d'exercice en exercice, le montant des crédits ainsi reportés ne pouvant excéder la différence entre les recettes et les dépenses constatées sur le programme concerné.

Section 2
Le principe de l'unité

Le principe de l'unité peut avoir deux acceptions selon qu'on l'envisage du point de vue matériel (I) ou du point de vue formel (II). Ce second aspect n'a pourtant d'intérêt qu'en matière budgétaire.

I - Le faux principe de l'unité matérielle

Dans l'absolu, le principe d'unité devrait entraîner la présentation d'un seul document budgétaire pour l'ensemble des finances publiques, décrivant toutes les charges et toutes les ressources des personnes publiques et des organismes privés participant au service public. Cette unité n'est pas respectée dans le cadre budgétaire mais seulement, dans une certaine mesure, au niveau de la comptabilité nationale (compte des administrations publiques).

En fait, dans le cadre budgétaire, le principe d'unité, dont la valeur constitutionnelle a été reconnue par le Conseil constitutionnel (Cons. const., 94-351, 29 déc. 1994, *RJC* I-606, § 6) signifie seulement l'obligation de la présentation de toutes les dépenses et recettes de l'État dans un seul projet de loi soumis au vote du Parlement.

Même dans ce cadre restreint, si l'unité budgétaire était respectée, un seul acte juridique regrouperait tous les éléments relatifs aux finances de l'État. Or, il est évident que la lecture de la seule LF de l'année ne peut suffire : elle fait l'objet de retouches législatives par une ou plusieurs LF rectificatives chaque année. Par ailleurs, les actes réglementaires à caractère financier sont particulièrement nombreux et variés. De multiples actes viennent ainsi en cours d'année modifier sensiblement le contenu même de la LF, qu'ils intervertissent, ouvrent ou encore fassent disparaître des crédits *(cf. infra)*. Enfin, on relèvera que l'art. 34 LOLF prévoit que la LF doit évaluer les ressources et les charges de trésorerie présentées dans un tableau de financement; l'art. 43 ajoute que les ressources et charges de trésorerie font l'objet d'un vote d'ensemble distinct du vote sur l'évaluation des recettes budgétaires. Ainsi, l'article d'équilibre est logiquement dédoublé (*cf.* art. 66 de la LF pour 2006, n° 2005-1719 du 30 déc. 2005 et art. 33 PLF 2007).

Dans le cadre des LFSS, on éprouve des difficultés encore plus grandes à réaliser l'unité. En effet, d'une part, les LFSS ne contiennent à proprement parler ni recettes ni dépenses mais simplement des prévisions de recettes et des objectifs de dépenses. D'autre part, et à l'image des LFR, des LFSS rectificatives peuvent intervenir en cours d'année.

II - Le principe détourné de l'unité formelle

La LF étant composée de deux parties, elle peut s'analyser en fait comme deux lois séparées (A) qui contiennent trois types de budgets différents : les budgets annexes (B), les comptes spéciaux

(C) et le budget général. Il suffira de déterminer la nature et le contenu des deux premiers groupes pour déduire ce qui composera le budget général.

A - Les deux parties de la LF

L'existence des deux parties de la LF est un principe ancien auquel on n'avait guère prêté attention jusqu'à ce que le Conseil constitutionnel le porte à son paroxysme.

En effet, personne n'avait songé à rapprocher les dispositions des art. 31 de l'Ord. de 1959 (art. 34 LOLF) qui pose le principe de l'existence des deux parties, et 40 de l'Ord. de 1959 (art. 42 LOLF) aux termes duquel la seconde partie ne peut être mise en discussion avant le vote de la première, pour en tirer des conséquences pratiques quant à la procédure d'adoption du budget. En 1979, alors qu'à chaque lecture à l'Assemblée nationale le Premier ministre avait engagé la responsabilité du gouvernement sur le fondement de l'art. C. 49, alinéa 3 sur l'ensemble de la LF (selon la pratique antérieure), le Conseil constitutionnel (79-110 DC du 24 déc. 1979, *RJC* I-75) avait sanctionné cette pratique en estimant que procéder par un seul vote violait directement l'art. 40 de l'Ord. Ainsi, selon le Conseil, le gouvernement doit faire adopter successivement la première partie puis la seconde.

Cette interprétation est par ailleurs conforme à l'esprit de l'art. 45 LOLF qui prévoit, à titre exceptionnel (par application des dispositions de l'art. C. 47, al. 4), la possibilité de promulguer seule la première partie de la LF.

Enfin, l'art. 118-5° du règlement de l'AN dans sa rédaction issue de la résolution du 26 janvier 1994, précise qu'il est procédé à un vote sur l'ensemble de la première partie dans les mêmes conditions que sur l'ensemble d'un projet de loi. Ainsi, chacune des deux parties de la LF constitue bien un texte à part entière, simplement lié à l'autre par l'ordre dans lequel ils doivent être adoptés. La LF regroupe donc deux lois distinctes rassemblées par commodité sous un même label. Le rejet de la première partie rendra sans objet le débat sur la seconde et entraînera donc le rejet de l'ensemble du projet (art. 118-5° précité). Pourtant, l'adoption de la première partie n'a pas un caractère définitif. Les dispositions qu'elle contient peuvent être modifiées par le vote de la seconde partie comme les dispositions d'un texte plus récent modifient celles d'un texte plus ancien. Le Conseil constitutionnel limite cependant cette possibilité en estimant que de telles modifications ne doivent pas porter atteinte aux grandes lignes de l'équilibre définies et arrêtées par le vote de la première partie (Cons. const., 82-154 DC, 29 déc. 1982, *RJC* I.147 § 11). Ceci est d'autant plus logique que, conformément aux dispositions de l'art. 45 al. 5 LOLF, il est possible que la première partie de la loi de finances soit promulguée lors du débat sur la seconde partie *(cf. infra)*.

L'unité même de la LF disparaît et l'on pourrait même imaginer qu'un gouvernement soit renversé sur l'adoption de la seconde partie alors qu'il aurait obtenu auparavant l'adoption de la première.

On signalera enfin qu'un raisonnement de même nature peut désormais être retenu s'agissant des LFSS compte tenu des termes de l'art. LO 111-7-1 CSS issu de la LO du 2 août 2005. En effet, la succession des quatre parties de la LFSS conditionne également l'ordre des votes, une partie ne pouvant être mise en discussion avant l'adoption de la précédente.

B - Les budgets annexes

Les budgets annexes peuvent retracer, dans les conditions prévues par une LF, les seules opérations des services de l'État non dotés de la personnalité morale résultant de leur activité de production de biens ou de prestation de services donnant lieu au paiement de redevances, lorsqu'elles sont effectuées à titre principal par lesdits services.

Le fonctionnement d'un service sous le statut de budget annexe confère plusieurs avantages. Les recettes d'exploitation du service lui sont affectées par la procédure d'attribution de produits (art. 17 LOLF, *cf. infra*). L'art. 18 LOLF prévoit que, si, en cours d'année, les recettes effectives sont supérieures aux prévisions des LF, les crédits pour amortissement de la dette peuvent être majorés à due concurrence, par arrêté conjoint du ministre chargé des Finances et du ministre intéressé.

Au total les trois budgets annexes actuels (Contrôle et exploitation aériens; Journaux officiels; Monnaies et médailles) représentent environ 2 Mds €.

La LOLF a prévu certaines restrictions des conditions de recours aux budgets annexes : la référence à la notion de « redevance » figurant à l'art. 18 exclut les services purement concurrentiels donnant lieu au paiement d'un prix (ces opérations doivent donner lieu à un compte de commerce). Sont également écartées les opérations principalement financées par des taxes ainsi que les opérations effectuées à titre non principal par un service de l'État.

l'aviation civile, les Journaux officiels et les monnaies et médailles (sous réserve d'un éventuel changement de statut de ces deux derniers d'ici là).

La LOLF prévoit encore que seule une LF peut créer un nouveau budget annexe ou affecter une nouvelle recette à un budget annexe existant; la suppression des budgets annexes relève également (parallélisme des formes) de la LF. L'initiative parlementaire est exclue ici puisque la LOLF considère chaque budget annexe comme une mission *(cf. infra)*, qui constitue une charge au sens de l'art. C. 40.

Les budgets annexes sont régis par les règles applicables au budget général sous réserve d'une présentation comptable en deux sections : opérations courantes et opérations en capital. Les crédits, limitatifs, sont déclinés par programmes (avec au moins un programme d'amortissement de la dette).

C - Les comptes spéciaux

Il existe quatre catégories de comptes spéciaux (art. 19 de la LOLF) ouverts, dans chaque catégorie, par les LF (une nouvelle catégorie ne pourrait être créée que par une loi organique modifiant la LOLF). La LOLF ne donne aucune définition d'ensemble de ces comptes. Si, à l'origine, ils étaient destinés à retracer des dépenses à caractère temporaire, génératrices de créances recouvrables (tout décaissement devant donner lieu à un encaissement ultérieur et inversement), ils se sont aujourd'hui diversifiés et constituent pour certains le moyen d'une gestion de type industriel et commercial dégagée de nombreuses contraintes du droit budgétaire et comptable. En tout état de cause, les CS constituent une sérieuse limite à l'autorisation parlementaire, notamment parce que les crédits sont autorisés par compte et que chaque compte constitue une mission dont l'initiative de création ne peut provenir que du gouvernement. Au surplus, pour les comptes comportant seulement la mention d'un découvert, la compétence du Parlement est très réduite. Sous réserve des règles particulières propres à chaque catégorie de comptes, ceux-ci sont soumis aux mêmes règles que le budget général (art. 20 LOLF).

Les comptes d'affectation spéciale (CAS) (art. 21 LOLF) retracent des opérations budgétaires qui sont financées au moyen de recettes particulières qui doivent être, par nature, en relation directe avec les dépenses concernées. Il ne subsiste plus aujourd'hui que six CAS représentant au total 61 Mds € de recettes pour 2006 : « Cinéma, audiovisuel et expression radiophonique locale » alimenté notamment par une taxe additionnelle au prix des places de cinéma; « Contrôle et sanction automatisés des infractions au code de la route »; « Développement agricole et rural » financé par la taxe sur le chiffre d'affaires des exploitations agricoles; « Gestion du patrimoine immobilier de l'État » qui reçoit le produit des cessions immobilières; « Pensions » doté des retenues et contributions pour pensions civiles et militaires.

Ces comptes connaissent trois règles principales de fonctionnement : les ressources propres ne peuvent être augmentées par une subvention du budget général que dans la limite de 10 % des crédits initiaux de chaque compte, cette limite n'étant pas applicable aux comptes « Gestion du patrimoine immobilier de l'État » et « Pensions ». Le total des dépenses susceptibles d'être effectuées sur un compte d'affectation spéciale ne peut être supérieur au total des recettes enregistrées sur ce compte y compris les subventions. Toutefois, durant les trois premiers mois de la création d'un compte d'affectation spéciale, un déficit limité est accepté, la LF fixant le montant maximal de ce découvert. Enfin, si, en cours d'année, les recettes sont supérieures aux évaluations faites au moment du vote de la LF, les crédits peuvent être augmentés d'autant par simple arrêté du ministre des Finances. Dans cette hypothèse, la LOLF indique qu'au préalable, le ministre chargé des Finances informe les commissions des finances des raisons de cet excédent, de l'emploi prévu pour les crédits ainsi ouverts et des perspectives d'exécution du compte jusqu'à la fin de l'année. On notera enfin que, sauf dérogation expresse prévue par une LF, aucun versement au profit du budget général, d'un budget annexe ou d'un compte spécial ne peut être effectué à partir d'un compte d'affectation spéciale.

Les comptes de commerce (art. 22 LOLF) retracent des opérations à caractère industriel et commercial effectuées à titre accessoire par des services publics de l'État. Parmi les onze comptes figurant au budget 2006, le plus important est le compte n° 903 « Gestion de la dette et de la trésorerie de l'État » (plus de 16 Mds € d'autorisation de découvert sur un total de près de 18 Mds € dont l'existence avait été prévue par le II de l'art. 22 de la LOLF. Ce compte est divisé en sections distinguant les opérations selon leur nature, chaque section étant dotée d'une autorisation de découvert. La LF détermine la nature des opérations autorisées, chaque année, sur chaque section, le caractère limitatif ou évaluatif de chaque autorisation de découvert ainsi que les modalités générales d'information du Parlement sur l'activité du compte et les modalités particulières selon lesquelles le ministre chargé des Finances informe les commissions des finances de tout dépassement d'une autorisation de découvert. Le compte « Couverture des risques financiers de l'État » retrace les opérations de couverture des risques financiers de l'État effectuées au moyen d'instruments financiers à terme dans le cadre de l'autorisation prévue chaque année en LF, à l'exception de celles liées à la gestion de la dette négociable et non négociable et de la trésorerie de l'État. Il retrace, à compter de l'exercice 2006, les opérations de couverture du risque de change menées pour le compte du ministre des affaires étrangères, notamment en ce qui concerne les contributions obligatoires ou volontaires de la France aux organisations internationales, libellées en devises étrangères. On peut citer également le compte n° 909, « Régie industrielle des établissements pénitentiaires » qui permet aux détenus d'avoir une activité, voire d'apprendre un métier. Pour faire fonctionner les ateliers, le ministère de la Justice doit acheter des machines et de la matière première ; ensuite il vend sur le marché les produits ainsi fabriqués. Ces comptes sont en fait très voisins des budgets annexes, à la différence qu'ici l'opération industrielle ou commerciale n'est qu'accessoire. Plusieurs de ces comptes sont rattachés au ministère de la Défense : (par ex. le compte « constructions navales de la marine militaire » ou « approvisionnement des armées en produits pétroliers). Pour chacun d'eux, une autorisation de découvert à valeur impérative (qui ne peut donc être majorée que selon les règles en vigueur pour les crédits limitatifs) peut être adoptée. Si ce n'est pas le cas, la recette devra nécessairement précéder la dépense, dont la prévision présente ainsi un caractère « évaluatif » (art. 22 LOLF). En fait, le découvert autorisé est très faible (± 2 %) par rapport au total des dépenses de ces comptes qui sont donc, le plus souvent, présentés en équilibre.

Les trois comptes d'opérations monétaires (art. 23 LOLF) représentent environ 2,7 Mds € en 2005 et enregistrent les recettes et les dépenses de caractère monétaire : Émission des monnaies métalliques, Opérations avec le Fonds monétaire international et Pertes et bénéfices de change Ici encore, le Parlement n'autorise qu'un découvert limitatif.

Sous l'appellation générique de « comptes de concours financiers », la LOLF (art. 24) regroupe les comptes retraçant les prêts et avances consentis par l'État. Un compte distinct doit être ouvert pour chaque débiteur ou chaque catégorie de débiteurs. Le plus important de ces six comptes recouvre les avances faites par l'État aux collectivités territoriales de leurs recettes fiscales et représentent environ 80 % du montant de ces comptes. Ils comportent des crédits limitatifs à l'exception des comptes ouverts au profit des États étrangers (un peu plus de 1 Md € d'autorisations d'engagement pour 2006) et des banques centrales liées à la France par un accord monétaire international. Ces deux catégories de comptes sont dotées de crédits évaluatifs. Les avances sont en principe rémunérées mais il peut être dérogé à cette règle par décret en Conseil d'État.

Section 3
Le principe de l'universalité

D'après ce principe (art. 6 LOLF), applicable essentiellement dans le cadre budgétaire, toutes recettes et toutes dépenses doivent apparaître et être inscrites dans la LF. Le Conseil constitutionnel (94-351 DC, 29 déc. 1994, *RJC* I-606; 98-405 DC, 29 déc. 1998, Rec. Cons. const. 326) a en particulier précisé que les dépenses à caractère permanent ne pouvaient faire l'objet d'une débudgétisation sans méconnaître le principe d'universalité ainsi constitutionnalisé (Cons. const., 95-369 DC, 28 déc. 1995, *RJC* I-646, § 16). Il a ainsi en particulier déploré les inconvénients inhérents à toute débudgétisation du point de vue du contrôle des finances publiques (Cons. const., 99-424 DC, 29 déc. 1999, *JO*, 31 déc., p. 19991).

Qui plus est, aucune distinction entre elles ne doit être opérée, toute recette devant pouvoir financer toute dépense. Ce sont donc en réalité deux règles qui composent ce principe comme l'a affirmé le Conseil constitutionnel (Cons. const., 82-154 DC, 29 déc. 1982, *RJC* I-147) : l'une encore largement respectée dite de la non-contraction (I), l'autre, très assiégée dite de la non-affectation (II).

I - La règle solide de la non-contraction

La règle de la non-contraction dite aussi du produit brut ou de la non-compensation impose d'inscrire le montant exact et total des encaissements (en recettes) (Cons. const., 93-330 DC, 16 déc. 1993, *RJC* I.557, § 15) et des décaissements (en dépenses), y compris les sommes dépensées pour encaisser les recettes. Il est donc interdit de ne faire figurer dans le document budgétaire que des soldes de compensation. Cette règle ne connaît, en matière budgétaire, d'autre exception que les autorisations de découvert (c'est-à-dire le résultat d'une contraction entre dépenses et recettes) prévues pour deux catégories de comptes spéciaux (comptes de commerce et comptes d'opérations monétaires).

Le mécanisme des prélèvements sur recettes au profit des collectivités territoriales (47,4 Mds € en 2006 dont 38,2 pour la seule DGF) et des Communautés européennes (près de 18 Mds € en 2006) a été considéré comme n'introduisant aucune contraction dès lors que l'état annexé « A » à la LF énumère et évalue la totalité, avant prélèvement, des recettes de l'État puis désigne et évalue chacun des prélèvements opérés dont le total est ensuite déduit du montant brut de l'ensemble des recettes. Par suite, cette présentation ne conduit pas à diminuer une recette de l'État non plus qu'à occulter une charge (Cons. const., 82-154 DC, 29 déc. 1982, *RJC* I-147). La Cour des comptes estime toutefois que le mécanisme du prélèvement sur recettes n'en est pas moins incompatible logiquement avec le principe d'universalité. Le législateur organique a mis un terme à cette controverse en prévoyant (art. 6 LOLF) qu'un montant déterminé de recettes de l'État peut être rétrocédé directement au profit des collectivités territoriales ou des Communautés européennes en vue de couvrir des charges incombant à ces bénéficiaires ou de compenser des exonérations, des réductions ou des plafonnements d'impôts établis au profit des collectivités territoriales. Ces prélèvements sur les recettes de l'État sont, dans leur destination et leur montant, définis et évalués de façon précise et distincte.

Enfin, dans le cadre des LFSS, seuls des plafonds étant fixés, cette règle n'a pas de traduction réelle.

II - La règle assiégée de la non-affectation

N'importe quelle recette doit pouvoir financer n'importe quelle dépense. Lorsque le citoyen verse de l'argent à l'État, sous quelque forme que ce soit, il ne doit pas pouvoir connaître à quoi la somme en question servira précisément.

Dans le cadre des LFSS, cette règle de la non affectation est largement écartée. En effet, les recettes sont affectées à chacune des branches de la Sécurité sociale qui se voit attribuer un objectif de dépense (pour 2006 : maladie, 146,4 Mds €; vieillesse, 159,1 Mds €; accidents du travail, 11 Mds €; famille, 52,2 Mds €) et ce n'est donc qu'à l'intérieur de chaque branche que la règle de la non affectation peut éventuellement trouver application.

Dans le cadre du budget de l'État, la non-affectation se traduit au niveau comptable, par la règle de l'unité de caisse : toutes les recettes, quelle que soit leur origine, sont confondues dans la caisse des comptables publics.

Si l'affectation était admise, certaines dépenses ne pourraient pas être réalisées du fait de rentrées insuffisantes alors que, pour d'autres, il serait possible de dépenser plus que nécessaire du fait de rentrées supérieures aux prévisions. Il est donc de bonne gestion de faire « pot commun » de toutes les recettes de façon à assurer tous les paiements.

Pourtant cette règle est battue en brèche car il apparaît plus facile de faire rentrer les recettes lorsque l'on indique à quelles dépenses elles serviront. Dès lors, même si le Conseil constitutionnel veille au respect de ce principe (Cons. const., 95-369 DC, 28 déc. 1995, *RJC* I.646, § 12 et 13) en déclarant contraire à la Constitution l'affectation d'une recette déterminée à une dépense déterminée, (Cons. const., 93-330, 16 déc. 1993, *RJC* I.557, § 15 et 16), il ne peut le faire que sous réserve des exceptions prévues notamment par la LOLF. En effet, des procédés directs d'affectation (A) sont admis en sus des procédés indirects connus depuis plus longtemps (B).

A - Les procédés directs d'affectation

On rappellera tout d'abord que pour les budgets annexes, mais cela peut s'appliquer également au budget général et aux comptes spéciaux, l'art. 17-III de la LOLF indique que les recettes tirées de la rémunération de prestations régulièrement fournies par un service de l'État peuvent, par décret pris sur le rapport du ministre des Finances, faire l'objet d'une procédure d'attribution de produits : inscription en recettes et ouverture d'un crédit supplémentaire de même montant par arrêté du ministre des Finances. Ensuite, les comptes d'affectation spéciale ont été créés précisément pour permettre l'affectation dont on a constaté qu'elle s'appliquait aussi aux autres catégories de comptes spéciaux concernés (système des autorisations de découvert). Le Conseil constitutionnel a du reste estimé qu'il n'y avait pas dans cette attitude, violation d'un principe constitutionnel (Cons. const., 78-100 DC, 29 déc. 1978, RJC I-65 et 82-154 DC précitée).

Il n'y aurait dès lors que dans le cadre du budget général que la règle de la non-affectation serait effective. Or, même ici, le principe a parfois été violé par le développement de recettes générales affectées. Le législateur a ainsi créé des impôts dont le produit était directement affecté pour mieux faire accepter le nouveau prélèvement comme l'illustre, entre autres, l'exemple de la contribution sociale généralisée (CSG). En général, cette technique est plutôt utilisée dans le cadre de recettes fiscales présentant un caractère exceptionnel et donc non renouvelable. Ainsi se souvient-on de « l'impôt sécheresse » prélevé en 1976 au profit des agriculteurs victimes de ce phénomène naturel. L'affectation d'une recette de l'État ne peut en toute hypothèse être décidée que par une LF (art. 34-3° LOLF et Cons. const., 90-283 DC, 8 janv. 1991, *RJC* I-417, § 45). Mais c'est surtout dans le domaine du financement de la sécurité sociale que ce mécanisme d'affectation joue un rôle essentiel. Un certain nombre d'impôts ou de taxes ont été créés et affectés au financement de la sécurité sociale pour tenter d'en réduire le déficit. C'est même cet élément qui sert de critère pour déterminer si telle ou telle recette générale peut être créée ou modifiée par une LFSS. En effet, dès lors que la recette est affectée, elle concourt nécessairement à l'équilibre financier recherché par la LFSS et dès lors, les règles concernant l'assiette, le taux, et les modalités de recouvrement de cette recette sont de celles qui peuvent figurer dans une LFSS (Cons. const., 96-384 DC, 19 déc. 1996). Enfin, le Conseil constitutionnel estime que la mise en place de telle affectation de ressources à un établissement public ne viole pas les dispositions de la LOLF qui ne s'applique pas en l'espèce (Cons. const., 90-285 DC, 28 déc. 1990, *RJC* I.424, § 25 et 26). L'art. 36 LOLF prévoit en outre que l'affectation, totale ou partielle, à une autre personne morale d'une ressource établie au profit de l'État ne peut résulter que d'une disposition d'une loi de finances.

B - Les procédés indirects d'affectation

Il s'agit tout d'abord de la technique ancienne des *fonds de concours*. Ce sont, d'une part les contributions de tiers définies à l'art. 17-II LOLF comme des fonds à caractère non fiscal versés par des personnes morales ou physiques pour concourir avec l'État à des dépenses d'intérêt public. Il s'agit donc de versements volontaires, préalables à la dépense, faits à l'État par des collectivités territoriales, des établissements publics, des particuliers ou même des États étrangers pour participer à une dépense d'investissement réalisée par l'État (par exemple, donation par une commune de l'argent permettant l'achat d'un terrain pour réaliser l'édification par l'État d'un ouvrage public). L'affectation est ici évidente puisque l'emploi des fonds doit être conforme à l'intention du donateur. Le même régime s'applique aux produits de legs et donations attribués à l'État.

Se faisant l'écho des critiques récurrentes de la Cour des comptes, l'art. 17-II LOLF a introduit une limitation notable du champ des fonds de concours en proscrivant à l'avenir les fonds de concours par assimilation. Le législateur organique en a tiré la conséquence en créant la procédure d'attribution de produits s'agissant des recettes tirées de la rémunération de prestations régulièrement fournies par un service de l'État. Les règles relatives aux fonds de concours leur sont applicables et les crédits ouverts dans le cadre de cette procédure sont affectés au service concerné.

Par ailleurs, les recettes de fonds de concours sont prévues et évaluées en LF, l'aléa de prévision n'ayant pas été jugé fondamentalement différent de celui affectant les recettes fiscales et non fiscales classiques. Ainsi, une estimation par programme ou par dotation pour l'année en cours et l'année à venir des crédits susceptibles d'être ouverts par voie de fonds de concours est présentée en annexe au PLF.

Il s'agit ensuite des *rétablissements de crédits* (art. 17-IV LOLF) qui se rencontrent dans deux hypothèses : soit, un service a payé une somme indûment (un fonctionnaire aurait reçu un traitement supérieur à celui qu'il devrait normalement toucher compte tenu de son indice) soit, il a revendu un bien dont il n'avait plus l'usage. Dans les deux cas, les crédits correspondants sont réinscrits non en recette au budget général mais au chapitre budgétaire qui avait effectué le paiement. Cependant, le rétablissement de crédit ne peut avoir lieu que durant l'exercice budgétaire considéré pour les versements indus ou avant la fin de l'exercice suivant pour les reventes de biens. Dans les autres cas, on en revient à la règle générale et les sommes récupérées sont inscrites en recette au budget général.

Section 4
Le principe de la spécialité des crédits

Ce principe signifie simplement que l'autorisation parlementaire n'est pas globale mais qu'elle est spécialisée en fonction de l'objet des crédits. La LOLF a introduit un profond bouleversement dans la spécialisation des crédits dès lors qu'elle a substitué à une classification très largement organique (ministère, titres, chapitres) une ventilation des crédits fondée sur une logique d'objectifs et, selon l'expression même du MINEFI, d'une gestion orientée par les résultats. L'idée consiste ainsi à organiser le budget autour de la finalité des dépenses par une déclinaison en trois niveaux.

En effet, l'art. 7 LOLF prévoit la mise en œuvre, à partir du budget 2006, d'une nouvelle nomenclature budgétaire fondée sur une double logique de fixation d'objectifs et d'évaluation de leur degré de réalisation. On peut relever que cette présentation n'est pas totalement neuve compte tenu de l'expérience antérieure de rationalisation des choix budgétaires (RCB budgets de programme) et du système des agrégats regroupant les chapitres de façon à donner une vision des actions des ministères par finalités.

A - Les missions

Les crédits ouverts par les lois de finances pour couvrir chacune des charges budgétaires de l'État sont regroupés par mission relevant d'un ou plusieurs services d'un ou plusieurs ministères et correspondant à une politique publique clairement identifiée. Dès lors, un ministère peut contribuer à plusieurs missions et celles-ci peuvent être interministérielles, sachant en outre que chaque budget annexe et chaque compte spécial constitue une mission.

Il résulte de l'art. 7 de la LOLF, combiné avec l'art. 47 Const., qu'une mission ne saurait comporter un programme unique. Cependant, afin de laisser aux autorités compétentes le temps de procéder aux adaptations nécessaires et de surmonter les difficultés inhérentes à l'application d'une telle réforme, la mise en conformité des missions « mono-programme » et des nouvelles règles organiques pourra n'être effective qu'à compter de l'année 2007 (Cons. const. 29 déc. 2005, n° 2005-530 DC, § 24 et 26).

Il convient de signaler deux missions particulières, non liés à la définition d'une politique publique : tout d'abord, celle regroupant les dotations « Pouvoirs publics » (871 M € d'AE en 2006) qui permet le respect de la règle selon laquelle « les pouvoirs publics constitutionnels déterminent eux-mêmes les crédits nécessaires à leur fonctionnement », règle inhérente au principe d'autonomie financière (Cons. const., 2001-456 DC, 27 sept. 2001). Ensuite, celle regroupant la dotation pour dépenses accidentelles et imprévisibles (463 M €) et la dotation pour mesures générales en matière de rémunération.

À noter que seule une disposition de loi de finances d'initiative gouvernementale peut créer une mission, celle-ci constituant en outre la limite au droit d'amendement parlementaire *(cf. infra)*.

La mission constitue essentiellement l'unité de vote des crédits sans être véritablement dotée d'outils de mesure de la performance dès lors que les objectifs présentés restent assez généraux et ne sont pas réellement quantifiés. Par exemple, la mission « Gestion et contrôle des finances publiques » (environ 9 Mds € d'AE en 2006) développe quatre objectifs majeurs : faciliter l'impôt (interlocuteur fiscal unique et amélioration de la qualité des services rendus par les administrations fiscales) ; améliorer les comptes de l'État et des collectivités territoriales (notamment dans l'optique de la certification des comptes de l'État par la Cour des comptes) ; avoir une gestion plus efficiente des moyens ; moderniser la gestion des ressources humaines

Le budget général 2006 comporte au total 34 missions de volume et d'importance variables : la plus petite des missions (Sécurité civile) est dotée de 468 M € d'autorisations d'engagement tandis que la plus importante, exclusion faite de la mission « Remboursements et dégrèvements », est la mission « Enseignement scolaire » et dispose de près de 60 Mds € d'autorisations d'engagement, soit un écart de 1 à 128. Il existe 8 missions interministérielles, dont la mission « Recherche et enseignement supérieur » dotée de 20 Mds € d'AE pour 2006.

B - Les programmes

L'art. 7 de la LOLF définit le programme comme l'unité de regroupement des crédits destinés à mettre en œuvre une action ou un ensemble cohérent d'actions relevant d'un même ministère et auquel sont associés des objectifs précis, définis en fonction de finalités d'intérêt général, ainsi que des résultats attendus et faisant l'objet d'une évaluation.

Le programme se situe ainsi au cœur de la logique de performance qui caractérise la LOLF et apparaît comme le vecteur essentiel de la modernisation de la gestion publique. La structuration du budget en programmes suppose d'identifier les périmètres et les contenus des politiques en programmes en ayant le souci de l'identification de leurs coûts. Cette démarche doit tenir compte de l'abandon de la distinction services votés/mesures nouvelles. Par suite, chaque dépense doit être désormais justifiée « au premier euro ». Un comité interministériel sur la réforme de l'État du 15 nov. 2001 a décidé la mise en place du comité interministériel d'audit des programmes, composé de membres des corps d'inspection des différents ministères, qui a élaboré une méthode d'audit de la pertinence et de la fiabilité des systèmes de mesure des résultats en liaison avec le pilotage des performances des services.

Alors que sous l'empire de l'Ord. de 1959, les crédits faisaient l'objet, pour l'essentiel (environ 95 %) d'un vote unique de reconduction, la gestion orientée par les objectifs exige désormais que chaque demande de crédit soit justifiée dès le premier euro sollicité. Par conséquent, le gouvernement s'engage sur des objectifs précis et quantifiés (efficacité socio-économique : le point de vue du citoyen ; qualité du service rendu : le point de vue de l'usager ; efficacité de la gestion : le point de vue du contribuable), fournit des indicateurs de mesure des résultats et fixe des valeurs cible à atteindre assorties d'un échéancier. Ces éléments sont développés dans un document annexe au PLF, le Projet annuel de performances - PAP (art. 51 LOLF, *cf. infra*).

Certains ministères ont toutefois été conduits à *« [mettre] en œuvre plusieurs politiques publiques distinctes avec un unique réseau de service »* par l'intermédiaire de programmes dits de « services polyvalents ». En outre, certains crédits correspondent *« à des fonctions d'état major ou des fonctions de gestion des moyens »* des services concernés que l'on dénommera « programmes de fonctions support » ou « programmes soutien » d'une politique.

Chaque mission fait ainsi l'objet d'une subdivision en plusieurs programmes (sous réserve des missions mono-programme, *cf. supra*) au nombre de 130 pour le budget général en 2006. Afin d'assurer la lisibilité de l'action publique, un programme est nécessairement ministériel.

Le programme constitue en outre *l'unité opérationnelle d'exécution du budget* placée sous l'autorité du « responsable de programme », haut-fonctionnaire de l'administration centrale qui devra rendre compte, devant le ministre concerné, des résultats effectivement atteints.

C - Les actions et sous-actions : la déclinaison opérationnelle des programmes

Les programmes sont eux-mêmes composés d'un ensemble cohérent d'actions, ventilation qui permet essentiellement d'identifier plus précisément les buts poursuivis, les modes d'action et les fonctions exercées. *« Au sein de chaque programme, les actions regroupent des crédits ayant la même finalité. Elles répondent à la nécessité d'identifier précisément les composantes d'une politique publique, les modes d'action et les fonctions exercées par chacun des acteurs »* (Moderfie).

Les actions seront elles-mêmes, au niveau de l'exécution des crédits, déclinées en sous-actions dans le cadre de la déclinaison opérationnelle des programmes.

La « déclinaison opérationnelle des programmes » a pour finalité d'*« expliciter la manière dont le responsable de programme – ou d'action lorsque celle-ci couvre un champ large - organise l'activité de ses services pour atteindre les objectifs qui lui ont été fixés »* (Comité interministériel d'audit des programmes) : désignation des responsabilités, déclinaison des objectifs et indicateurs, dialogue de gestion ou encore modalités de gestion. Elle constitue ainsi le cadre de budgétisation et d'exécution des crédits du budget de programme. Cette déclinaison va permettre de préciser et d'affiner les objectifs stratégiques développés au niveau du programme dans le cadre des budgets opérationnels de programme (BOP).

D - La nouvelle nomenclature des charges budgétaires de l'État

Au-delà du classement des crédits par destination des politiques publiques, la LOLF (art. 5) a conservé une spécialisation des crédits par nature des dépenses. Cette ventilation n'a plus désormais qu'une fonction informative et n'intervient plus s'agissant de l'autorisation de dépense (sauf pour les dépenses de personnel) afin de permettre la mise en œuvre de la fongibilité asymétrique des crédits *(cf. infra)* ; il s'agit d'informer le parlement de l'utilisation des crédits dans chaque programme ministériel.

Titre	Intitulé	Rubriques
1	dotations des pouvoirs publics	
2	dépenses de personnel	rémunérations d'activité
		cotisations et contributions sociales
		prestations sociales et allocations diverses
3		dépenses de fonctionnement
		dépenses de fonctionnement autres que celles de personnel
		subventions pour charges de service public
4	charges de la dette de l'État	intérêts de la dette financière négociable
		intérêts de la dette financière non négociable
		charges financières diverses
5	dépenses d'investissement	pour immobilisations corporelles de l'État
		pour immobilisations incorporelles de l'État
6	dépenses d'intervention	transferts aux ménages
		transferts aux entreprises
		transferts aux collectivités territoriales
		transferts aux autres collectivités
		appels en garantie
7	dépenses d'opérations financières	prêts et avances
		dotations en fonds propres
		dépenses de participations financières

Section 5

Le principe d'équilibre

Considéré comme un principe sacro-saint durant la période classique, l'équilibre budgétaire n'a pourtant pas, même à cette époque, été constamment respecté. Ainsi, de 1890 à 1914, tous les budgets sont présentés et votés en équilibre, mais sont souvent exécutés en déficit, parfois même important.

Durant un temps, l'équilibre du budget de l'État n'a plus été qu'une chimère même si on le présentait souvent comme un objectif politique à atteindre. Pourtant, du fait de la construction européenne et de la mise en place de la monnaie unique, ce principe retrouve une place importante. Certes, il ne s'agit plus réellement de l'équilibre au sens ou cette notion était comprise à l'époque classique mais d'un équilibre économique et financier (I). Il faut veiller maintenant à juguler les déficits publics, y compris ceux des comptes sociaux. Même ainsi limités, les déséquilibres subsistent (II) et supposent l'utilisation par l'État ou les organismes sociaux de moyens permettant de combler les déficits pour assurer la pérennité des décisions publiques *(cf. supra)*.

I - La notion d'équilibre économique et financier

Élevé au rang de principe fondamental par le Conseil constitutionnel (Cons. const., 79-110 DC, 24 déc. 1979, *RJC* I-75), l'équilibre constitue une notion aujourd'hui multiforme : équilibre budgétaire et financier et équilibre économique (art. 1er LOLF), équilibre budgétaire (art. 13, 14-I, 34), équilibre financier (art. 33, 34, 37). Quoi qu'il en soit, l'équilibre budgétaire inclut désormais les fonds de concours et les plafonds d'emplois autorisés et repose sur une évaluation de chacune des recettes budgétaires et de chacun des prélèvements sur recettes (État A) et la fixation d'un plafond de dépenses et de charges et d'un plafond d'autorisations d'emplois (2307664 équivalents temps plein pour 2007).

L'équilibre ainsi entendu ne suppose pas d'atteindre une égalité comptable du montant des ressources et des charges, mais exige que le déséquilibre éventuel soit compatible avec les intérêts économiques du pays. C'est précisément l'objet de la première partie de la LF que de définir les conditions générales de l'équilibre économique et financier pour une année; l'article d'équilibre, c'est-à-dire celui qui évalue les recettes et fixe les plafonds de charges, permet d'arrêter ainsi les conditions générales de l'équilibre financier pour une année, constituant dès lors la raison d'être de la première partie indispensable pour qu'elle puisse remplir son objet.

PLF 2007 (art. 33) *(en millions d'euros)*

	Ressources	Dépenses	Soldes
Budget général			
Recettes fiscales brutes/dépenses brutes	343 652	344 328	
A déduire : Remboursements et dégrèvements	*76 481*	*76 481*	
Recettes fiscales nettes/dépenses nettes	267 171	267 847	
Recettes non fiscales	26 832		
Recettes totales nettes/dépenses nettes	294 003	267 847	
A déduire : Prélèvements sur recettes au profit des collectivités territoriales et des Communautés européennes	*68 112*		
Montants nets pour le budget général	**225 891**	**267 847**	**-41 956**
Évaluation des fonds de concours et crédits correspondants	4 249	4 249	
Montants nets pour le budget général, y compris fonds de concours	**230 140**	**272 096**	
Budgets annexes			
Contrôle et exploitation aériens	1 643	1 643	
Publications officielles et information administrative	200	200	
Totaux pour les budgets annexes	**1 843**	**1 843**	
Évaluation des fonds de concours et crédits correspondants :			
Contrôle et exploitation aériens	21	21	
Publications officielles et information administrative			
Totaux pour les budgets annexes, y compris fonds de concours	**1 864**	**1 864**	
Comptes spéciaux			
Comptes d'affectation spéciale	52 738	52 938	-200
Comptes de concours financiers	96 507	96 300	207
Comptes de commerce (solde)	263		263
Comptes d'opérations monétaires (solde)	39		39
Solde pour les comptes spéciaux			**309**
Solde général			**-41 647**

La LF fixe également les ressources et les charges de trésorerie qui concourent à la réalisation de l'équilibre financier.

PLF 2007 (art. 33) *(en milliards d'euros)*

Besoin de financement	
Amortissement de la dette à long terme	32,5
Amortissement de la dette à moyen terme	40,3
Engagements de l'État	0,1
Déficit budgétaire	41,6
Total	114,5
Ressources de financement	
Émissions à moyen et long terme (obligations assimilables du Trésor et bons du Trésor à taux fixe et intérêt annuel), nettes des rachats effectués par l'État et par la Caisse de la dette publique.	106,5
Annulation de titres de l'État par la CDP	8,1
Variation nette des bons du Trésor à taux fixe et intérêts précomptés	11,6
Variation des dépôts des correspondants	-4,2
Variation du compte de Trésor et divers	-7,5
Total	114,5

Conformément à l'esprit de la LOLF, la jurisprudence retient une conception souple de cet équilibre, évoquant seulement les conditions générales de l'équilibre économique et financier. Ainsi, un bouleversement des « grandes lignes » de l'équilibre économique et financier défini par la LF doit nécessairement se traduire par l'adoption d'une LFR (Cons. const., 91-298 DC, 24 juill. 1991, RCJ I-465).

II - La persistance du déséquilibre

La Ve République s'est attachée à rechercher l'équilibre sous trois formules différentes. Dans un premier temps, il s'agissait de séparer déficit et découvert par la distinction entre les dépenses définitives et les dépenses temporaires (essentiellement des prêts accordés par l'État qui, en tant que tels, donneront lieu à remboursement). Si les opérations à caractère définitif sont en équilibre, on parlera d'équilibre au-dessus de la ligne ou de petit équilibre ; si elles ne sont pas équilibrées on parlera de « déficit ».

En revanche si c'est l'ensemble des opérations permanentes (définitives et temporaires) qui est en équilibre on parlera d'équilibre au-dessous de la ligne ou de grand équilibre ; si cet ensemble est déséquilibré on parlera de « découvert ».

En deuxième lieu, le déficit sera considérablement réduit par un recours massif à la technique de la « débudgétisation ». Commencée en 1955 en confiant le financement des autoroutes jusqu'alors assuré par le budget de l'État, à des sociétés d'économie mixte, la débudgétisation permet le transfert d'importantes dépenses d'investissement vers des comptes spéciaux ou la Caisse des dépôts et consignations et ses satellites. Ces dépenses n'apparaissant plus dans le budget de l'État, le découvert se réduit d'autant : à l'équilibre réel s'oppose ainsi un simple équilibre comptable relativement factice.

La troisième technique consiste à prendre en compte deux équilibres différents. L'équilibre de présentation (ou prévisionnel) ne figure que dans la LF. C'est donc l'équilibre dont on discute lors du débat parlementaire sur la LF de l'année et qui est corrigé par les lois rectificatives. S'agissant d'un moment privilégié dans la vie politique, l'annonce de l'équilibre ou le montant du déséquilibre sont commentés par la presse, les parlementaires et les responsables politiques, conduisant l'opinion publique à ne s'intéresser qu'à lui. L'équilibre d'exécution est lui l'équilibre constaté une fois le budget exécuté, après la clôture de l'exercice dans la loi de règlement. Si l'équilibre n'est pas atteint ou le montant du déficit annoncé dépassé, cela n'intéresse plus guère ni les parlementaires ni les citoyens car il est de toute façon impossible d'y remédier. On a souvent vu, par le passé, les budgets présentés en équilibre et exécutés en déséquilibre.

Malgré tout, si, à partir de 1965, une dizaine de budgets ont été présentés sans déficit, seuls 4 (1970, 1972, 1973 et 1974) ont été exécutés en équilibre. À partir du premier budget préparé par le gouvernement de R. Barre (LF pour 1978), l'équilibre allait être abandonné même à titre prévisionnel : les budgets sont désormais présentés en déficit, dont le principe est accepté même si on espère qu'il restera réduit. Il s'agissait simplement de limiter le déficit à un niveau économiquement supportable en privilégiant l'équilibre économique à l'équilibre budgétaire. Pourtant, les présentations déficitaires sont encore très en dessous de l'exécution qui dégage souvent un déficit supérieur. À partir de 1982, avec le premier projet de LF présenté par un gouvernement de gauche, le principe du déficit est définitivement acquis ; il est annoncé dès le projet de loi dans des proportions voisines à celles de l'exécution. La volonté d'assurer l'identité entre le déficit prévisionnel et le déficit réel se maintiendra durant une décennie. Au début des années 1990, l'écart entre la présentation et l'exécution se creuse à nouveau et le déficit s'accroît rapidement.

Déficit de présentation et déficit d'exécution

Solde	2001	2002	2003	2004	2005
LFI	-28,5	-30,4	-44,6	-43,9	-43,5
Exécution	-32,0	-43,9	-56,9	-55,1	-45,2

Source : Cour des comptes, *Les résultats et la gestion budgétaire de l'État,* 2005, p. 208.

Service brut de la dette

En M €	2002	2003	2004	2005	2005/2004	Moy. 01/05
LFI	39556,0	41277,8	40992,0	42355,8	3,3 %	1,9 %
Crédits ouverts	40451,0	40322,2	40870,0	41671,0	2,0 %	1,6 %
Dépenses	40690,0	40012,0	40606,3	41277,5	1,6 %	1,5 %

Source : MINEFI

En 2006, l'encours de la dette atteint près de 887 Mds € et la charge de la dette est de l'ordre de 41 Mds €.

III - L'équilibre financier de la sécurité sociale

À l'instar du budget de l'État, les régimes de sécurité sociale connaissent des difficultés croissantes dues à l'accroissement des dépenses (augmentation de la consommation de soin notamment) et au resserrement des recettes. Cette situation a imposé une solution originale pour le financement de la dette sociale (A) tandis que le législateur organique venait fixer des règles en matière de gestion de la trésorerie (B).

A - Le financement de la dette sociale : la CADES

D'un montant de 91 Mds € fin 2005, la dette sociale devrait dépasser les 105 Mds € fin 2009. C'est pour financer cette dette que l'ordonnance n° 96-50 du 24 janvier 1996 a créé la Caisse d'amortissement de la dette sociale (CADES) en tant qu'établissement public administratif placé sous la tutelle des ministères des finances et des affaires sociales. Initialement prévue comme une structure temporaire (13 ans), la CADES ne disparaîtra, en application de la loi n° 2004-810 du 13 août 2004 relative à l'assurance maladie, qu'à l'extinction des missions qui lui ont été attribuées, c'est-à-dire financer et éteindre la dette cumulée du régime général de la Sécurité sociale pour les exercices 1994 à 2006. Les déficits se sont élevés à 34,2 Mds € pour les années 1994 à 1998; ils sont prévus à 35 Mds € pour les années 2002 à 2004 et à 15 Mds € pour les années 2005 à 2006.

Afin d'assurer la viabilité du système ainsi mis en place, l'ordonnance de 1996 a créé un nouvel impôt, la Contribution au remboursement de la dette sociale (rendement de 5,2 Mds € en 2005) qui a notamment pour objet de garantir le remboursement des emprunts souscrits par la CADES pour remplir sa mission. Le taux de la CRDS est de 0,5 % et s'applique à l'ensemble des revenus d'activité et de remplacement, des revenus du patrimoine et des placements ainsi qu'à la vente des métaux précieux et aux gains aux jeux de hasard. Les ressources de la CADES sont enfin complétées par les produits de la cession d'une partie du patrimoine immobilier de la sécurité sociale.

B - La gestion de la trésorerie

Selon les dispositions de l'art. LO 111-3-C-2°-e), la LFSS arrête la liste des régimes et des organismes concourant à leur financement habilités à recourir à des ressources non permanentes, ainsi que les limites dans lesquelles leurs besoins de trésorerie peuvent être couverts par de telles ressources. Il s'agit en fait pour le Parlement de limiter les découverts de trésorerie comme le réalise l'art. 33 LFSS pour 2006 en fixant le plafond à

27,12 Mds € pour les 7 régimes concernés (dont 18,5 Mds € pour le seul régime général). Par ailleurs, les dispositions organiques n'autorisent le recours aux ressources non permanentes que dans le court terme, c'est-à-dire effectivement pour la couverture de besoins de trésorerie. Permettre le recours à l'emprunt dans le cadre d'un endettement à long terme était en effet contraire à l'obligation constitutionnelle d'équilibre.

Il fallait pourtant assouplir cette disposition compte tenu du fait que la LFSS, avant de permettre le retour à l'équilibre, admettait un déficit du budget social. Aussi les dispositions de l'art. LO 111-9-2° CSS permettent-elles à l'exécutif, en cas d'urgence, de relever ces plafonds.

Section 6

Le principe de sincérité

Sous la pression des parlementaires qui invoquent de plus en plus fréquemment ce moyen, le Conseil constitutionnel a été conduit à reconnaître l'existence d'un nouveau principe budgétaire qui, s'il est appliqué largement, aura vocation à supplanter tous les autres principes.

Si le principe de sincérité n'a pas, jusqu'à présent, donné lieu à une censure par le Conseil constitutionnel, celui-ci a néanmoins été consacré en 1996. Ainsi, l'insincérité des évaluations de recettes ou de dépenses serait susceptible de porter atteinte à l'équilibre tel qu'il est présenté dans les documents soumis aux parlementaires pour leur information avant le vote des LF (Cons. const., 96-385 DC, 30 déc. 1996, *RJC* I-691). Par ailleurs, le Conseil constitutionnel a également accueilli un grief fondé sur le défaut de sincérité de la LFSS (Cons. const., 99-422 DC, 21 déc. 1999, *JO* 30 déc., p. 19730).

Surtout, la LOLF consacre un chapitre entier au principe de sincérité (art. 32 et 33), reprenant l'essentiel des apports de la jurisprudence constitutionnelle antérieure. Le Conseil constitutionnel (27 déc. 2002, n° 2002-464 DC), faisant application des dispositions de l'art. 32 LOLF, a d'ores et déjà indiqué que, s'agissant de la LF de l'année, la sincérité se caractérise par l'absence d'intention de fausser les grandes lignes de l'équilibre. On ajoutera enfin que la LO du 2 août 2005 a modifié le CSS (art. LO 111-3) en indiquant que la LFSS détermine les conditions générales de l'équilibre financier « de manière sincère », les comptes des régimes et organismes de sécurité sociale devant être réguliers, sincères et donner une image fidèle de leur patrimoine et de leur situation financière. La LOLF consacre encore, notamment dans son art. 31, la nécessité de la sincérité des enregistrements comptables.

I - Insincérité interne de la LF

La nécessité de permettre au Parlement d'exercer l'ensemble de ses prérogatives constitutionnelles oblige à garantir la sincérité des évaluations contenues dans le projet de LF et la mise à sa disposition d'une information complète sur cette évaluation.

Les recettes figurant dans les LF sous forme de simple évaluation et présentant un caractère prévisionnel, doivent tenir compte des effets économiques et financiers de la politique que le gouvernement entend mener. Le Conseil constitutionnel vérifie ainsi que l'inscription dans une LF d'un montant de recettes prévisionnelles n'est pas « irréaliste » et ne fausse ni le total des recettes ni l'équilibre général de la LFI (Cons. const., 94-351 DC, 29 déc. 1994, *RJC* I-606). Le Conseil se limite très logiquement au contrôle de l'erreur manifeste d'appréciation s'agissant de l'évaluation des recettes fiscales de l'État ; si, en cours d'exercice, les recouvrements dépassent sensiblement les prévisions, il incombe au gouvernement de soumettre aux assemblées un projet de LFR (Cons. const., 99-424 DC, 29 déc. 1999, *JO* 31 déc., p. 19991). L'art. 32 LOLF indique d'ailleurs que la sincérité s'apprécie compte tenu des informations disponibles et des prévisions qui peuvent raisonnablement en découler.

Certes encore de manière implicite, le Conseil a estimé que l'absence d'inscription d'une dépense au budget ou la sous-évaluation manifeste d'une dépense inscrite pourrait conduire à une censure sur le fondement de la sincérité budgétaire (94-351 DC).

La sincérité budgétaire s'oppose à ce que des « débudgétisations » puissent intervenir dans les matières qui constituent des charges permanentes de l'État définies à l'art. 5 LOLF. La Cour des comptes dénonce également la sous-évaluation répétée des crédits initiaux de certaines imputations ; lorsque les crédits prévues en LF ne représentent qu'un pourcentage limité des crédits consommés durant les années précédentes alors que les pouvoirs publics avaient pris des décisions qui avaient pour objectif d'accroître leur action dans le domaine considéré, l'évaluation des crédits ne répond pas à l'exigence de sincérité. De telles pratiques, dont la Cour a eu l'occasion de relever l'existence à de nombreuses occasions en matière de gestion de crédits évaluatifs, sont peu conformes aux exigences d'un débat parlementaire éclairé.

II - Insincérité externe à la LF

Il n'incombe pas nécessairement à la LF de l'année de prendre en compte des dispositions provenant de textes de loi dont l'adoption n'est pas définitive. Toutefois, dès lors qu'il résulte des termes mêmes des articles LO 111-6 et LO 111-7 CSS, qui ont fixé les dates et délais d'examen de la LFSS, que le législateur organique a entendu mettre le Parlement en mesure de tenir compte, au cours de l'examen du projet de LF, des incidences économiques et fiscales des mesures figurant dans la LFSS, les documents annexés au projet de LF, et notamment le rapport économique et financier, doivent permettre aux parlementaires de discuter et de voter la LF en disposant des informations nécessaires (Cons. const., 97-395 DC, 30 déc. 1997, *RJC* I-732).

On notera enfin que la LOLF (art. 27 et 31) a ajouté à cette sincérité budgétaire l'obligation d'une sincérité comptable, les comptes de l'État devant être réguliers, sincères et donner une image fidèle de son patrimoine et de sa situation financière. À cette fin, les comptables publics s'assurent notamment de la sincérité des enregistrements comptables et du respect des procédures et la Cour des comptes sera amenée, en 2007, à certifier les comptes de l'État.

III - Sincérité des LFSS

Le Conseil constitutionnel a accueilli un grief fondé sur le défaut de sincérité de la LFSS; il a toutefois considéré que la décroissance à terme de certaines recettes ne met pas en cause la sincérité des prévisions de recettes pour l'année (Cons. const., 21 déc. 1999, n° 99-422 DC). De même, le Conseil constitutionnel a accepté de statuer sur un grief fondé sur l'insincérité de l'objectif national de dépenses d'assurance maladie, tout en le rejetant au fond estimant que le législateur s'était fondé, pour le fixer, sur les dépenses réelles observées l'année précédente et sur la progression de ces dépenses pour l'année à venir (Cons. const., 19 déc. 2000, n° 2000-437 DC). La Cour des comptes a pu considérer que l'ONDAM pour 1999 était en fait irréaliste car, compte tenu du niveau des dépenses d'assurance maladie atteint fin 1998, la réalisation de l'objectif 1999 aurait supposé que les soins de ville diminuent d'environ 1/2 point (C. comptes, *Rapport Sécurité sociale,* 2000.99).

Comme en matière de lois de finances, le Conseil constitutionnel se limite au contrôle de l'erreur manifeste d'appréciation, prenant en compte les aléas inhérents à l'évaluation des prévisions de recettes et des objectifs de dépenses, spécialement en présence d'incertitudes particulières relatives à l'évolution de l'économie; s'il apparaît en cours d'année que les conditions générales de l'équilibre financier des régimes obligatoires de base de la sécurité sociale sont remises en cause, il appartient au gouvernement de soumettre au Parlement les ajustements nécessaires dans une loi de financement de la sécurité sociale rectificative ou, à défaut, s'il en était encore temps, dans la loi de financement de la sécurité sociale pour l'année suivante (Cons. const., 18 déc. 2001, n° 2001-453 DC).

Enfin, le Conseil constitutionnel a estimé que la complexité des mécanismes mis en œuvre par une LFSS n'était pas de nature à porter atteinte à l'exigence de sincérité ni à porter violation de l'objectif de valeur constitutionnelle d'intelligibilité de la loi (Cons. const., 19 déc. 2000, n° 2000-437 DC). La Cour des comptes a toutefois considéré que la complexité des relations financières entre l'État et la sécurité sociale est le signe le plus net à la fois du désordre où l'on est parvenu et de la nécessité de réformes : les flux de financement croisés, les dettes et restes à recouvrer qui en résultent, les règles hétérogènes de facturation des services rendus par l'État à la sécurité sociale, et par la sécurité sociale à l'État, l'existence de fonds à vocations très disparates, multiples, financés de façon diverse et variable d'une année sur l'autre, l'existence de structures « à part », qui ne sont ni dans l'État ni dans la sécurité sociale, mais qui jouent un grand rôle comme la caisse d'amortissement de la dette sociale (CADES), tout tend à rendre la situation incompréhensible (C. comptes, Rapport Sécurité sociale, 2001.197).

Lire aussi

- Arbousset, « La violation de la sincérité budgétaire : un grief plein d'avenir ? », *RF fin. publ.,* 2001. 183
- Camby J.-P., « Le Conseil constitutionnel et les principes du droit budgétaire », *RF fin. publ.,* n° 51-1995
- Collectif, « Les grands principes du droit budgétaire de l'État », *Cahiers de la comptabilité publique,* n° 1, 1989
- Crucis H.-M., « La sincérité des lois de finances, nouveau principe du droit budgétaire », *JCP (SJEG)*, 12 juill. 2000, p. 1359
- Guillaume G., « Les vicissitudes du principe d'unité budgétaire », *AJDA*, 1990, p. 499
- Kouevi-Amavi Z., *Les comptes spéciaux du Trésor*, thèse, Toulouse I, 1992
- Landbeck, « La notion de sincérité en finances publiques », *RFDA*, 2002. 798
- Lascombe M., Vandendriessche X., Textes financiers annotés, *Code administratif*, Dalloz, 2007
- Pellet R., « La fin de l'universalité budgétaire », in *Constitution et finances publiques, Études en l'honneur de Loïc Philip,* Economica, 2005 p. 515
- Saïdj L., « Pour un principe (au moins provisoire…) de globalité budgétaire », in *Constitution et finances publiques, Études en l'honneur de Loïc Philip,* Economica, 2005 p. 563
- Tallineau L. (dir.), *L'équilibre budgétaire,* Economica, Paris, 1984
- Vachia J.-P., « Le Conseil constitutionnel, la Cour des comptes et la sincérité budgétaire », *LPA*, 10 mai 2000

Chapitre IV
L'élaboration des décisions financières

On étudiera successivement la procédure de préparation et la présentation du PLF (sect. 1) et du PLFSS (sect. 2).

Section 1
Préparation et contenu du PLF

On insistera en premier lieu sur la place primordiale occupée par le ministère des Finances (I) avant que d'analyser la procédure d'élaboration du PLF (II) puis le contenu de celui-ci (III).

I - La place du ministère des Finances

C'est le ministère des Finances qui se trouve au centre de la procédure d'élaboration de la LF même si elle se déroule sous l'autorité du Premier ministre (art. 38 LOLF). En principe, le ministre des Finances est un ministre comme les autres; il n'y a pas de hiérarchie entre les ministres. En dehors du Premier ministre, aucun ministre n'a théoriquement un droit de regard sur la gestion de ses collègues. En cas de litige entre ministres, le Premier ministre arbitre; il en va de même lorsque le litige oppose un ministre au ministre des Finances. Pourtant le ministre des Finances jouit de trois privilèges qui lui donnent une place particulière dans le gouvernement.

Tout d'abord le ministre des Finances doit contresigner tous les actes de ses collègues qui ont des conséquences budgétaires. Il donne son accord sur les projets de lois préparés par les différents ministres dans le cadre des activités de leur département qui pourraient avoir des conséquences financières. Avant que ces projets de lois ne soient présentés au Premier ministre, le ministre des Finances doit déterminer leur exacte influence sur le budget, leur harmonisation avec la politique budgétaire choisie et l'éventuelle création de dépenses imprévues ou nouvelles. C'est en particulier la Direction du budget qui est chargée de cette analyse. Mais le contreseing du ministre des Finances sur les actes de ses collègues porte aussi sur tous les actes administratifs qu'ils préparent, qu'il s'agisse des décrets qu'ils élaborent pour le Premier ministre ou d'arrêtés qu'ils édicteront eux-mêmes. Le ministre des Finances ici encore va vérifier la conformité de ces actes avec la politique financière du gouvernement. Or, la plupart des textes ont une incidence financière, qu'il s'agisse d'élaborer le statut des fonctionnaires, d'organiser un concours, de passer un marché, de commander une étude, etc. Le ministre des Finances est donc le seul, avec le Premier ministre, à connaître la politique de l'ensemble des ministres, à avoir une vision d'ensemble de la politique du gouvernement.

Ensuite, un contrôleur financier (décret du 21 janv. 2005), fonctionnaire représentant le ministre des Finances, participe à la maîtrise de l'exécution des lois de finances, tant en crédits qu'en effectifs et concourt, à ce titre, à l'identification et à la prévention des risques financiers ainsi qu'à l'analyse des facteurs explicatifs de la dépense et du coût des politiques publiques. Il assiste le ministre chargé du budget dans la mise en œuvre des mesures destinées à prévenir une détérioration de l'équilibre budgétaire. Lors de l'examen de la programmation budgétaire, il vérifie le caractère sincère des prévisions de dépenses et d'emplois présentées par les responsables de programme. En matière de gestion des crédits en cours d'exécution, le décret de 2005 (art. 10) prévoit que le contrôleur financier émet un avis préalable sur tout projet tendant à diminuer les crédits affectés aux dépenses de personnel. Il doit être informé, dans les meilleurs délais, par les responsables de programme des modifications de répartition des crédits entre les services qui n'ont pas pour effet de diminuer ces crédits de personnel. Il donne également son avis motivé sur les propositions

L'organisation administrative du MINEFI

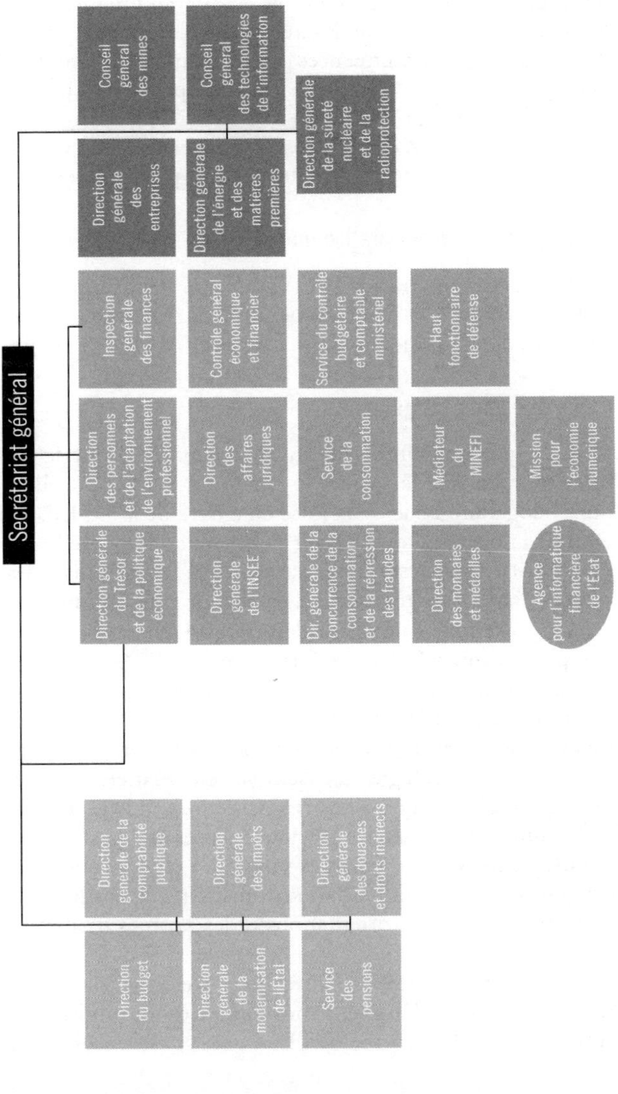

budgétaires et les demandes de crédits additionnels de toute nature. Enfin, les visas ou les avis préalables sur les engagements de dépenses et les ordonnances de paiement ne portent désormais que sur certains projets d'actes définis par arrêté du ministre chargé du budget pour chaque ministère. Concernant les ordonnances de paiement, cette liste est établie en fonction de la nature des dépenses en cause ou de leur montant particulièrement élevé.

II - La procédure d'élaboration du PLF

L'élaboration du PLF par le gouvernement suppose une succession d'étapes (A) dans lesquelles le Parlement est associé par le jeu du débat d'orientation budgétaire (B).

A - Le calendrier budgétaire

C'est par une circulaire du 21 janvier 2005 que le Premier ministre a énoncé les principes applicables à la nouvelle procédure budgétaire issue de la mise en œuvre de la LOLF. Compte tenu de la nécessité de justifier des demandes de crédits au premier euro, l'accent est mis sur la stratégie, les objectifs et les indicateurs de performance associés à chaque programme

La procédure comprend désormais 4 phases budgétaires et une phase consacrée à la performance.

En premier lieu, un *« séminaire gouvernemental »* qui se tient début janvier est destiné à faire le point sur la situation des finances de l'État et des comptes sociaux et permet une présentation de la stratégie d'ensemble en matière de finances publiques. Le Premier ministre (assisté du ministre des Finances et du ministre des Affaires sociales) y présente la stratégie d'ensemble en matière de finances publiques telle qu'elle résulte du programme de stabilité. Chaque ministre reçoit ensuite une lettre de cadrage fixant les orientations et les normes de maîtrise des dépenses publiques.

Interviennent ensuite, entre février et avril, les *conférences budgétaires* qui se déroulent sous l'autorité du ministre délégué au budget et à la réforme de l'État. Ces conférences permettent l'examen des projets concrets de réforme et des économies qui leur sont associées. Elles se matérialisent par l'organisation de *réunions d'économies structurelles* qui visent à identifier des mesures permettant de dégager des gains de productivité. Les réunions budgétaires avec la Direction du budget visent à instruire les demandes de crédits, qui intègrent les prescriptions de la lettre de cadrage. L'ensemble des crédits, les effectifs et les objectifs de recrutement sont alors examinés. Ces réunions sont également l'occasion de valider la nomenclature budgétaire au niveau le plus fin.

En parallèle, sont menées les *conférences de gestion publique*, c'est-à-dire les travaux sur la performance entre la Direction du budget et les ministères en vue de transmettre au Parlement la liste des objectifs et des indicateurs de performance au moment du débat d'orientation budgétaire et de préparer les projets annuels de performances en fonction des cibles de résultats à atteindre l'année suivante compte tenu des stratégies pluriannuelles arrêtées pour chaque programme. On notera que pour l'élaboration du premier budget au format LOLF, ce travail a été réalisé en étroite collaboration avec les assemblées parlementaires et la Cour des comptes.

Au mois d'avril, le Premier ministre organise une *phase de restitution* et examine les économies structurelles à mettre en œuvre et apprécie les propositions budgétaires des ministres par rapport au cadrage d'ensemble. Interviennent ensuite les traditionnelles « lettres-plafond » arrêtant les plafonds en crédits, à partir de la nomenclature en missions, et en effectifs, ainsi que les principales réformes structurelles à mettre en œuvre. Ces lettres plafond sont transmises aux Commissions des finances des deux assemblées. La répartition des crédits par programme conformément aux lettres-plafond a lieu courant mai avec la Direction du budget et doit être finalisée à la fin du mois de juin.

La procédure se termine par la *« finalisation des travaux à destination du Parlement »* durant les mois de juillet et août.

Le projet de budget est enfin examiné par le Conseil d'État puis adopté en Conseil des ministres afin d'être déposé sur le bureau de l'Assemblée nationale au plus tard le premier mardi d'octobre.

B - Le débat d'orientation budgétaire (DOB)

C'est en 1990 qu'a eu lieu le premier DOB, visant à « associer le Parlement à la préparation du budget en lui permettant de s'exprimer sur les grandes orientations budgétaires, d'être informé, dès ce stade du processus d'élaboration de la prochaine loi de finances, des principaux choix envisagés par le gouvernement pour la mise en œuvre de ces orientations et d'indiquer, le cas échéant, les solutions qui auraient sa préférence ». Depuis 1996, à l'exception des années 1997 et 2002, ce débat s'est déroulé devant les deux assemblées en mai ou en juin et il est désormais institutionnalisé par la LOLF (art. 48), même si ce n'est que de manière facultative.

Ce débat s'engage sur la base d'un rapport du gouvernement sur « l'évolution de l'économie nationale et sur les orientations des finances publiques » (art. 48 LOLF) qui analyse des évolutions économiques constatées depuis l'établissement du rapport économique, social et financier déposé avec le PLF de l'année en cours, décrit les grandes orientations de la politique économique et budgétaire au regard des engagements européens de la France, évalue à moyen terme les ressources de l'État ainsi que ses charges ventilées par grandes fonctions et, surtout, fournit la liste des missions, des programmes et des indicateurs de performances associés à chacun de ces programmes, envisagés pour le PLF de l'année suivante. Ce rapport est accompagné du rapport préliminaire de la Cour des comptes sur l'exécution de la loi de finances de l'exercice précédent et d'un rapport d'information parlementaire.

Ce débat permet aux parlementaires de s'interroger sur la cohérence et la pertinence des principales orientations envisagées par le gouvernement en matière budgétaire, sociale et fiscale : nomenclature budgétaire, choix des politiques publiques, des objectifs et indicateurs ainsi que des cibles de résultats. On constate toutefois que ce débat n'occupe les parlementaires que quelques heures (6 heures à l'Assemblée nationale pour le DOB 2007 par exemple).

III - La présentation du projet de loi de finances

La LF se présente sous la forme de documents multiples qui constituent la matière du débat budgétaire. En fait, chaque parlementaire reçoit environ 10 000 pages qu'il doit, en principe, étudier pour pouvoir se prononcer en toute connaissance de cause sur le projet de LF. Cet ensemble de documents se décompose en trois séries distinctes. Il s'agit du projet de LF lui-même (A), accompagné de documents annexes (B) et d'autres documents à caractère financier (C).

A - Le projet de LF et les états annexés

Le projet de LF proprement dit se présente sous la forme d'un document d'environ 250 pages comportant un exposé des motifs par article. Ces articles sont regroupés en deux parties.

La première partie, « Conditions générales de l'équilibre financier » est composée de deux titres : titre I « Dispositions relatives aux ressources » (dans lequel on trouve notamment l'autorisation de percevoir les impôts et le barème de l'impôt sur le revenu ou de l'impôt sur les sociétés) et titre II « Dispositions relatives à l'équilibre des ressources et des charges ». Ce dernier titre est composé d'un seul article et reprend dans deux tableaux les données générales de l'équilibre en récapitulant d'une part les ressources et les charges budgétaires et d'autre part les ressources et les charges de trésorerie. Le tout aussi bien pour le budget général, pour les budgets annexes que pour les CS.

La seconde partie récapitule les « moyens des politiques publiques et dispositions spéciales ». Elle est divisée en 4 titres :

Le *titre I*, relatif aux « autorisations budgétaires pour l'année - crédits et découverts », fixe dans un premier paragraphe les crédits regroupés des missions du budget général, des budgets annexes et des CS. La distinction est faite entre les autorisations d'engagement et les crédits de paiement. Le deuxième paragraphe fixe globalement les autorisations de découvert pour les comptes de commerce et les comptes d'opérations monétaires.

Le *titre II* fixe les plafonds d'autorisations d'emplois par ministère et budget annexe.

Le *titre III* fixe la liste des programmes dont les crédits peuvent être reportés sur l'année à venir au-delà du plafond de 3% prévu par l'art. 15 LOLF.

Enfin, le *titre IV* est relatif aux « dispositions permanentes », c'est-à-dire à celles qui s'appliqueront au-delà de l'année concernée. On y trouve, dans un premier paragraphe, les mesures fiscales où sont regroupées les créations d'impôts et les modifications de la législation fiscale et, dans un second paragraphe, les « autres mesures » applicables aux différentes missions.

Les « états législatifs annexés » sont au nombre de 5 (PLF 2007), désignés chacun par les lettres de l'alphabet.

L'état « A » correspond à l'un des éléments du titre II de la première partie et donne le détail des voies et moyens, c'est-à-dire des recettes telles qu'elles ont été évaluées pour permettre le calcul de l'équilibre dégagé dans ce titre. C'est dans cet état que l'on trouvera le rendement estimé de chaque impôt, des recettes non fiscales (notamment les produits du domaine ou les redevances) mais également les prélèvements sur les recettes de l'État et une évaluation des fonds de concours. Cette ventilation est fournie pour le budget général, les budgets annexes, les comptes d'affectation spéciale et les comptes de concours financiers.

Les autres états viennent détailler la seconde partie. Les états B, C et D indiquent la répartition des crédits par mission (avec la distinction autorisations d'engagement et crédits de paiement) respectivement pour le budget général, les budgets annexes, les comptes d'affectation spéciale et les comptes de concours financiers.

L'état « E » donne la répartition par compte de commerce et par compte d'opération monétaire des autorisations de découvert fixées dans la seconde partie.

Enfin, des « informations annexes » présentent les recettes et dépenses budgétaires en une section de fonctionnement et une section d'investissement (art. 51-3° LOLF) ainsi que les tableaux d'évolution des dépenses du budget général (comparaison avec les crédits de l'année antérieure) et les tableaux de synthèse des comptes spéciaux.

B - Le rapport économique, social et financier et les annexes explicatives

L'art. 50 LOLF fait désormais obligation au gouvernement de joindre au PLF un rapport sur la situation et les perspectives économiques, sociales et financières de la nation dénommé *Rapport économique, social et financier*. Il comprend notamment la présentation des hypothèses, des méthodes et des résultats des projections sur la base desquelles est établi le projet de loi de finances de l'année. Il présente et explicite les perspectives d'évolution, pour au moins les 4 années suivant celle du dépôt du PLF, des recettes, des dépenses et du solde de l'ensemble des administrations publiques détaillées par sous-secteurs et exprimées selon les conventions de la comptabilité nationale, au regard des engagements européens de la France. Sont joints à cette annexe les rapports sur les comptes de la nation (tome 2 : Annexe statistique) qui comportent une présentation des comptes des années précédentes. On notera que la LOLF a introduit ici la pluriannualité en renvoyant implicitement au programme de stabilité prévu par le règlement du Conseil CE du 7 juillet 1997, adopté en application du pacte de stabilité et de croissance.

Les *« annexes explicatives »* sont constituées tout d'abord de l'évaluation des voies et moyens (art. 51-4° LOLF) qui montre le développement et analyse les évaluations de recettes en consacrant une partie spécifique aux dépenses fiscales que l'on peut définir comme le manque à gagner subi par le fisc ou renonciation à des recettes fiscales en raison d'exemptions, de déductions, de réductions de taux, de remboursements, d'exonérations, de crédits ou de reports particuliers qui réduisent l'impôt normalement payable. Elle comprend également l'analyse des prévisions de chaque prélèvement sur les recettes de l'État, ce qui conditionne leur constitutionnalité. Cette annexe comporte encore la liste et l'évaluation, par bénéficiaire ou catégorie de bénéficiaires, des impositions de toute nature affectées à des personnes morales autres que l'État (art. 51-1° LOLF). Cette obligation s'étend aux impositions locales qui ne faisaient pas l'objet d'une évaluation sous l'empire de l'ordonnance de 1959. Le Conseil constitutionnel a d'ailleurs précisé que l'inscription sur cette liste est la condition juridique de l'affectation de la recette.

Ensuite, les fascicules bleus (art. 51-5°) des différentes missions (y compris des budgets annexes et des comptes spéciaux) constituent l'élément essentiel de l'information parlementaire puisqu'ils comportent les projets annuels de performance (PAP) des différents programmes. Ils récapitulent les crédits et les emplois de la mission et, par programme, présentent les crédits et les dépenses fiscales associées. Le PAP consiste en une présentation du programme, des actions, des objectifs et des indicateurs, la justification des crédits au premier euro ainsi que les coûts du programme et des actions. Ce sont les bleus budgétaires qui servent de base au débat parlementaire et qui serviront de support aux décrets de répartition *(cf. infra)*.

Bien que non prévus par la LOLF, il convient encore de mentionner les documents de politique transversale (DPT) au nombre de 7 dans la LF 2006 (par ex., Action extérieure de l'État ou Enseignement supérieur). Il s'agit, selon le MINEFI, d'une politique publique interministérielle dont la finalité concerne plusieurs programmes n'appartenant pas nécessairement à une même mission et placée sous l'autorité d'un ministre chef de file. Le DPT doit démontrer la cohérence entre les objectifs des différents programmes.

En vertu de l'art. 39 LOLF, le projet de LF, accompagné du rapport et des annexes explicatives, doit être déposé sur le bureau de l'Assemblée nationale au plus tard le 1er mardi d'octobre. Le Conseil constitutionnel a estimé qu'un retard de 4 jours dans le dépôt de certaines annexes, n'ayant pas eu pour effet de priver le Parlement de l'information à laquelle il a droit, n'est pas contraire aux dispositions de l'ordonnance (82-154 DC, 29 déc. 1982, *RJC* I-147 ; 97-395 DC, 30 déc. 1997, *RJC* I-732). Reprenant sa jurisprudence antérieure, le Conseil constitutionnel (25 juill. 2001) a considéré que la conséquence du retard du dépôt sur la constitutionnalité de la LF s'appréciera « au regard tant des exigences de la continuité de la vie nationale, que de l'impératif de sincérité qui s'attache à l'examen de la LF pendant toute la durée de celui-ci ».

C - Les annexes générales

L'art. 51-7° LOLF prévoit spécifiquement l'existence d'annexes générales destinées à l'information et au contrôle du Parlement sur les finances publiques. Il s'agit des *« Jaunes budgétaires »* (au nombre de 27 dans la LF 2006) dont l'existence résulte de divers textes législatifs, parfois relativement anciens, faisant obligation au gouvernement d'informer les parlementaires sur l'effort financier accompli en faveur d'une politique publique particulière (aménagement du territoire, sécurité routière, culture, politique de la ville et du développement social urbain par exemple) ou d'une catégorie de personnes (collectivités d'outre-mer, États en développement ou associations bénéficiaires de subventions de l'État). D'autres jaunes comportent encore des informations financières spécifiques aux pouvoirs publics et aux assemblées parlementaires ainsi, par exemple, qu'aux relations financières avec l'Union européenne.

L'art. 39, al. 2 LOLF précise que ces jaunes budgétaires sont déposés et distribués au moins 5 jours avant l'examen des recettes ou des crédits auxquels elles se rapportent. L'art. 51 LOLF prévoit encore la fourniture d'un certain nombre d'informations qui ne doivent pas nécessairement faire l'objet d'une annexe et peuvent ainsi figurer dans l'exposé des motifs du PLF. Il s'agit tout d'abord d'une analyse des changements de la présentation budgétaire faisant connaître leurs effets sur les recettes, les dépenses et le solde budgétaire de l'année concernée (art. 51-2° LOLF). Ce document permet une comparaison des crédits à structure constante et a pris la forme, dès le PLF 2001, d'une « charte de budgétisation » annexée à l'exposé des motifs. À cela s'ajoute enfin (art. 51-4° *bis* issu de la LO du 12 juill. 2005) une présentation des mesures envisagées pour assurer, en exécution, le respect du plafond global des dépenses du budget général, indiquant en particulier le taux de mise en réserve prévu. une présentation des recettes et des dépenses budgétaires et une section de fonctionnement et une section d'investissement, simple document d'information. On signalera enfin que dans le but d'assurer une meilleure coordination entre les LF et les LFSS, l'art. 52 LOLF prévoit l'obligation pour le gouvernement de présenter, à l'ouverture de la session ordinaire, un rapport retraçant l'ensemble des prélèvements obligatoires et leur évolution, rapport pouvant faire l'objet d'un débat parlementaire.

Récapitulatif des documents budgétaires

Document	Nb pages	Art. LOLF
PLF	176	39
États annexés	24	39
Informations annexes	40	51-3°
Évaluation des voies et moyens (2 tomes)	345	51-4°
Rapport sur les prélèvements obligatoires et leur évolution	41	52
Rapport économique, social et financier (2 tomes)	244	50
Bleus Missions du budget général	4566	51-5°
Bleus Budgets annexes	385	51-6°
Bleus Comptes spéciaux	381	51-6°
Jaunes budgétaires	2782	51-7°
Documents de politique transversale	378	51-5°
TOTAL	**9262**	

Section 2
Préparation et contenu du projet de loi de financement

Il existe des liens très étroits entre finances de l'État et finances sociales qui imposent une coordination lors de l'élaboration du PLFSS (I). La présentation de la LFSS a, par ailleurs, été profondément modifiée par la LO de 2005 (II).

I - La préparation du PLFSS

À l'instar du PLF, le PLFSS est exclusivement d'initiative gouvernementale (art. 47-1 C). Ainsi, c'est le ministère des Affaires sociales qui est chargé de la préparation des LFSS. Cette solution n'était pas aussi évidente puisqu'aucun texte ne l'impose et le ministère des Finances pouvait sans doute prétendre à s'en occuper directement. Ce choix n'est cependant pas innocent en particulier quant à la suite de la procédure.

C'est la Direction de la Sécurité sociale (DSS) qui joue ici le rôle pilote, en liaison avec la Direction du budget du MINEFI.

En effet, les hypothèses économiques d'ensemble qui permettent la structuration du PLFSS résultent du séminaire gouvernemental qui se tient début janvier *(cf. supra)* et des différents documents prévisionnels, notamment le rapport économique, social et financier, élaborés dans le cadre de la préparation du PLF.

Concrètement, le PLFSS est élaboré, sur ces bases, par la DSS en collaboration avec les autres directions concernées du ministère des Affaires sociales : la Direction générale de la santé, la Direction de l'hospitalisation et de l'organisation des soins et la Direction de l'administration générale, du personnel et du budget.

La DSS doit tenir compte des travaux de la Commission des comptes de la Sécurité sociale (art. L. 114-1 CSS), des avis formulés par les caisses nationales de sécurité sociale (art. L. 200-3 CSS) et des recommandations de la conférence nationale de santé qui doit se tenir, chaque année, avant le dépôt du projet de LFSS (art. L. 1411-1 et 1411-1-1 CSP).

II - La présentation du PLFSS

Sur le plan matériel, le PLFSS comprend lui aussi un projet de loi proprement dit accompagné d'annexes.

Le PLFSS proprement dit se présente sous la forme d'un document d'une centaine de pages divisé en 4 parties. La première, qui correspond à une sorte de loi de règlement des finances sociales, est consacrée au dernier exercice clos et approuve les tableaux d'équilibre et les opérations financières effectivement constatées. La 2ᵉ partie s'intéresse à l'année en cours et rectifie les prévisions de recettes et les objectifs de dépenses en fonction de l'exécution effective. Les 3ᵉ et 4ᵉ parties sont consacrées à l'année à venir, respectivement s'agissant des recettes et de l'équilibre général d'une part, et les objectifs de dépenses, notamment l'ONDAM, d'autre part. Chacun des articles est précédé d'un exposé des motifs.

Le PLFSS comprend *3 annexes explicatives :* un rapport décrivant les mesures pour l'affectation des excédents ou la couverture des déficits constatés sur l'exercice clos (développement de la 1re partie – art. LO 111-4-II CSS); un rapport décrivant les prévisions de recettes et les objectifs de dépenses par branche des régimes obligatoires de base et du régime général, les prévisions de recettes et de dépenses des organismes concourant au financement de ces régimes ainsi que l'ONDAM pour les 4 années à venir (art. LO 111-4-I CSS); l'état des recettes par catégorie et par branche des régimes obligatoires de base, du régime général et des fonds concourant au financement des régimes obligatoires.

Ce projet est enfin accompagné d'*annexes à caractère obligatoire* (pour un volume d'environ 500 pages) : les données sur la situation sanitaire et sociale en France pour l'année en cours, document d'environ 300 pages qui analyse l'état de santé en France et la situation des établissements de santé; les objectifs et moyens des organismes de sécurité sociale (art. LO 111-4-III-1° et 2°); la mise en œuvre de la LFSS en cours (art. LO 111-4-III-3°); les recettes des différents régimes par catégorie et par branche (art. LO 111-4-III-4°); la présentation des mesures d'exonération de cotisations et leur compensation (art. LO 111-4-III-5°); une analyse de l'ONDAM et des dépenses nationales de santé (art. LO 111-4-III-7°); les comptes des organismes concourant au financement des régimes de sécurité sociale (art. LO 111-4-III-8° et 111-4-V-2°); les besoins de trésorerie des régimes (art. LO 111-4-III-9°); enfin, tous les 3 ans, la liste des régimes obligatoires de base (art. LO 111-4-IV).

Ces annexes se rapprochent tant des annexes générales de la LF par le fait qu'elles replacent le projet dans une perspective à plus long terme que des états annexés à la LF puisqu'elles décrivent la situation de l'année en détaillant certaines dispositions. Ces documents, comme le projet de LFSS, doivent être déposés sur le bureau de l'Assemblée nationale au plus tard le 15 octobre ou le 1er jour ouvrable qui suit (art. LO 111-6 CSS) et le Conseil constitutionnel apprécie l'éventuel retard dans le dépôt dans les mêmes conditions que pour les LF, s'assurant que ce retard, eu égard à sa durée, n'a pu avoir pour effet de priver l'Assemblée nationale de l'information à laquelle elle a droit pendant l'examen de la LFSS (Cons. const., 97-393 DC, 18 déc. 1997, *Rec. Cons. const.* 320).

Est également joint au projet le rapport que la Cour des comptes établit sur l'application de la LFSS précédente (art. LO 111-4-V-1°). Non soumis à une date impérative de dépôt, ce rapport est remis au Parlement dès qu'il est élaboré. La pratique a démontré que la Cour a adopté la même attitude que pour le rapport sur la loi de règlement *(infra)* en remettant son rapport début septembre.

Lire aussi

- Collectif, « Le ministère des Finances », *Pouvoirs,* 1990, n° 53
- Duhamel, « La préparation de la loi de finances et les arbitrages budgétaires », *RF fin. publ.*, n° 88-2004
- Saïdj L., « Réflexions sur une « Bastille à Bercy » : le ministère des Finances à l'épreuve des mutations contemporaines », in *Mélanges Paul Amselek*, Bruylant, 2005, p. 709
- Tallineau L., « Les distinctions liées au caractère obligatoire des documents accompagnant le projet de LF de l'année », *Études de finances publiques*, Economica, 1988, p. 153 ; « La loi organique du 1er août 2001 et le droit constitutionnel des finances publiques », *RF fin. publ.*, n° 79, 2002 ; « Les annexes budgétaires et la modernité », in *Constitution et finances publiques, Études en l'honneur de Loïc Philip*, Economica, 2005, p. 589

Chapitre V

L'adoption et l'entrée en vigueur des lois financières

L'adoption de la LF fait appel tant aux règles générales du droit parlementaire qu'aux dispositions strictes de la procédure budgétaire (sect. 1). Les dispositions constitutionnelles et organiques ont encore accentué l'affaiblissement du rôle du Parlement en matière budgétaire déjà amorcé sous les républiques précédentes, même si la LOLF participe de la volonté de revaloriser le rôle du parlement en matière budgétaire (sect. 2). L'entrée en vigueur se révèle plus classique (sect. 3).

Section 1
La procédure d'adoption

On rappellera que l'élaboration du projet de LF relève de la compétence exclusive du gouvernement, exclusivité qui aura des conséquences sur les pouvoirs laissés aux parlementaires tout au long de la procédure budgétaire.

I - Le dépôt

Du point de vue des compétences parlementaires (notamment au regard des délais d'examen du texte), l'art. C. 39 impose que l'Assemblée nationale soit saisie en premier lieu (priorité prévue depuis l'art. 47 de la Charte de 1814). En effet, le projet de LF ou de LFSS, élaboré par le gouvernement, doit être déposé sur le bureau de l'Assemblée. Il s'agit là de l'application du principe traditionnel de priorité reconnue en matière budgétaire à la chambre basse, c'est-à-dire le sens moderne du principe du consentement à l'impôt.

Le Conseil constitutionnel a confirmé ce droit de priorité en déniant aux sénateurs le pouvoir de déposer un article additionnel s'analysant comme une mesure financière entièrement nouvelle (Cons. const., 76-73 DC, 29 déc. 1976, *RJC* I-43). Ceci limite considérablement (Cons. const., 95-369 DC, 28 déc. 1995, *RJC* I-646, § 27) le droit d'initiative des sénateurs en matière financière et vient, compte tenu des autres contraintes pesant sur les amendements parlementaires, réduire davantage leur droit d'amendement. La seule distinction qu'il faille faire entre les deux catégories de textes concerne la date de dépôt. Le projet de LF doit être déposé au plus tard le 1er mardi d'octobre tandis que le projet de LFSS doit l'être au plus tard le 15 du même mois.

II - L'examen en commission

Comme dans tout débat législatif, l'examen du texte en séance plénière est précédé de son étude en commissions. Sans vouloir réduire l'intérêt de ce travail, la Constitution de 1958 a voulu limiter les inconvénients qui résultaient du fonctionnement antérieur des commissions parlementaires.

L'application de l'art. C. 43 trouve sa véritable signification dans le domaine financier. En effet, qu'il s'agisse de la LF ou de la LFSS, il existe, parmi les six commissions permanentes de chaque assemblée, une commission qui est plus particulièrement concernée par ces questions : la Commission des finances. Il n'est donc pas utile de créer de commission spéciale. S'agissant des projets de LF, ils sont soumis à cette commission tandis que, toutes les autres commissions, permanentes ou *ad hoc*, sont saisies pour avis. S'agissant des projets de LFSS, ils sont soumis aux commissions des finances mais après l'avoir été à la Commission des affaires culturelles, familiales et sociales à l'Assemblée nationale et à la Commission des affaires sociales au Sénat. En application de l'art. C. 42, les commissions n'ont plus la possibilité de substituer leur propre texte au projet gouvernemental. Elles ont simplement la possibilité de rédiger un rapport sur le projet de LF.

L'importance du projet de LF conduit à ce que le projet soit l'objet d'une attention particulière. À la Commission des finances, un ou deux *rapporteurs spéciaux* sont désignés chaque année pour chacune des missions. Depuis 1973, certains d'entre eux sont choisis dans l'opposition. Les rapports spéciaux sont d'ailleurs rédigés sous la seule responsabilité du ou des rapporteur(s) et ni la commission ni son président ne peuvent le censurer. Pour chaque mission, le rapport comprend une analyse générale des crédits concernés et de l'administration qui en bénéficie, les observations de la commission, ses recommandations, et les amendements proposés et adoptés. Les *rapporteurs pour avis* émanant des autres commissions complètent ce travail préparatoire. Une mission pouvant relever de plusieurs commissions, il y a au total plus de rapporteurs pour avis que de rapporteurs spéciaux de la Commission des finances. L'art. 49 LOLF a formalisé la pratique des questionnaires budgétaires aux ministres (servant de base aux rapports spéciaux) : en vue de l'examen et du vote du PLF, les commissions des finances et les autres commissions concernées adressent des questionnaires au gouvernement avant le 10 juillet de chaque année. Celui-ci y répond par écrit au plus tard huit jours francs après le dépôt du PLF (par le passé, il n'était pas rare que les réponses parviennent tardivement, voire après le débat budgétaire du ministère concerné). Le Conseil constitutionnel a toutefois précisé que le dépassement de ce délai ne pourrait avoir pour effet d'empêcher l'examen du PLF, tout en réservant l'application du principe de sincérité (Cons. const., n° 2001-448 DC, 25 juill. 2001, *JO* 2 août, p. 12490).

Ensuite, la commission adopte le *« Rapport général »* qui se compose de 3 tomes : le premier replace le projet de LF dans le contexte économique et financier national et international et en donne les grandes orientations tandis que les tomes 2 et 3 examinent en détail les deux parties du projet de LF. On soulignera enfin la place prédominante du rapporteur général de la Commission des finances qui est au Parlement ce que le ministre des Finances est au gouvernement : il coordonne, prépare et anime la procédure budgétaire. Élu chaque année avec le bureau de la commission (après chaque renouvellement triennal au Sénat), il se situe à la charnière de la majorité et de l'opposition d'une part, et du gouvernement et du Parlement d'autre part; il dispose d'une vingtaine de fonctionnaires attachés à la commission.

Depuis l'examen du PLF 2000, l'essentiel des interventions des ministres, des rapporteurs et des représentants de groupes et les échanges questions-réponses ont eu lieu en commissions et non plus en séance publique; dès lors, les commissions concernées ont été ouvertes aux députés qui n'en sont pas membres. La pratique de la Commission des finances élargie a permis d'accentuer encore cette tendance et d'accélérer ainsi le débat en séance publique.

Une telle situation ne se retrouve pas pour le projet de LFSS qui reste, à ce stade, soumis aux règles générales d'étude des projets de lois. La spécificité réside dans le fait que le rapport est rédigé, à l'Assemblée nationale, par 4 députés : recettes et équilibre général, assurance maladie et accidents du travail, famille, assurance vieillesse et (corédigé) tableau comparatif et amendements non adoptés. Au Sénat, le rapport émane également de plusieurs parlementaires et se compose de 7 tomes : équilibres financiers généraux, assurance maladie, famille, assurance vieillesse, accidents du travail et maladies professionnelles, examen des articles et tableau comparatif.

La Commission des finances est saisie pour avis.

III - L'examen en séance publique

L'examen des projets de loi financiers occupe la majeure partie des premiers mois de la session ordinaire qui se trouvent donc particulièrement chargés. On doit simplement noter que l'étude des deux textes est très largement entremêlée compte tenu des délais de votes *(cf. infra)*.

Pour le reste, il sera fait application de la procédure ordinaire (renvoi en commission, exceptions d'irrecevabilité, question préalable, etc.) chaque fois que la Constitution ou les dispositions organiques n'en disposent pas autrement. Il est donc nécessaire de mettre l'accent sur ces spécificités.

Dans chaque assemblée, la pratique financière est réglée par la conférence des présidents dans laquelle la Commission des finances est la seule à avoir deux représentants : son président et le rapporteur général. C'est la conférence qui fixe le temps alloué au gouvernement, aux rapporteurs des commissions et aux groupes politiques de la majorité et de l'opposition.

A - La discussion

La situation est sur ce point radicalement différente selon le projet envisagé. S'agissant du projet de LFSS, il est examiné rapidement en quelques jours (10 séances pour la LFSS 2006 à l'Assemblée nationale). Par ailleurs, les LFSS ne connaissant pas la division en deux parties qui caractérise les LF ; ainsi, la procédure est ici extrêmement voisine de celle retenue pour les projets de lois ordinaires.

En revanche, le débat en matière budgétaire est bien plus développé et les procédures de vote plus complexes.

La discussion générale dure environ 30 heures pour la 1re partie et une centaine d'heures pour la seconde. Elle s'ouvre par l'intervention du ministre des Finances (et, le cas échéant, du ministre chargé du Budget), suivi du rapporteur général de la Commission des finances et de son président. Après le débat et le vote sur l'exception d'irrecevabilité et la question préalable (quand elles sont soulevées), ce sont les orateurs des groupes qui interviennent. Il s'agit d'un débat politique non sanctionné par un vote.

Les articles de la 1re partie sont examinés et votés dans les conditions applicables à la procédure législative ordinaire, c'est-à-dire article par article et amendement par amendement. Dans ce cadre, l'article dit d'équilibre est adopté en même temps que l'état « A » traduisant l'adoption des évaluations de recettes du budget général, des budgets annexes et des catégories de CS (art. 43 LOLF). La LOLF (art. 43, al. 2) prévoit en outre que les évaluations de ressources et de charges de trésorerie font l'objet d'un vote unique. Un vote global sur la première partie, réalisé dans les mêmes conditions que l'ensemble d'un projet de loi (art. 118-5° RAN) intervient ensuite.

Pourtant, et paradoxalement, cette adoption n'est pas définitive car l'équilibre pourra encore être modifié par les débats et les votes de la 2e partie dans les limites fixées par le Conseil constitutionnel (cf. *supra* et Cons. const., 82-154 DC, 29 déc. 1982, *RJC* I.147 § 11). Reste qu'en application de la jurisprudence constitutionnelle (79-110 DC du 24 déc. 1979, *RJC* I-75), l'exigence formulée par l'art. 42 LOLF oblige à un vote distinct et préalable de la 1re partie, qu'elles qu'en soient les modalités, éventuellement sur le fondement de l'art. C. 49, al. 3.

Les articles de la 2e partie sont adoptés selon des modalités différentes en fonction de leur nature.

Pour les articles dits non rattachés (mesures fiscales pour l'essentiel), ils sont adoptés article par article selon la procédure ordinaire. S'agissant des crédits relatifs aux finances publiques, ils sont examinés mission par mission, faisant intervenir le ou les rapporteurs spéciaux, le rapporteur général, le ministre techniquement en charge de la mission et les orateurs des groupes. Après l'examen des amendements de crédits, le président de séance met aux voix les crédits de la mission. Les parlementaires procèdent également à un vote d'un tableau des plafonds d'autorisations d'emplois répartis par ministère (art. 7) et budget annexe (art. 18).

B - La navette parlementaire

Cette procédure se déroule à l'identique dans les deux assemblées selon les principes traditionnels du bicamérisme, c'est-à-dire en vue de l'adoption d'un texte identique par les deux chambres.

En cas de désaccord entre les deux assemblées, le Premier ministre dispose d'une alternative. Soit, il laisse se poursuivre la navette (possibilité qui n'a encore jamais été utilisée), soit il provoque la réunion d'une commission mixte paritaire en application de l'art. C 45. Cette procédure est possible après une seule lecture dans chaque assemblée. En effet, en vertu de l'art. 40 LOLF et LO 111-7, al. 5 CSS l'urgence est de droit pour les projets de LF (sauf pour ce qui concerne la loi de règlement, 85-190

DC, 24 juill. 1985, *RJC* I-226) et pour les projets de LFSS. À l'issue des travaux de la Commission mixte, il est procédé à une nouvelle lecture dans chaque assemblée qui, si elle n'aboutit pas à une adoption en termes identiques, ouvre au gouvernement la possibilité de faire statuer l'Assemblée nationale en dernier ressort.

Section 2
L'encadrement des pouvoirs financiers du Parlement

Si la Constitution de 1958 a mis à la disposition du gouvernement un arsenal complet lui permettant de maîtriser l'ensemble du débat législatif, les pouvoirs financiers des assemblées sont encore restreints tant sur le fond, c'est-à-dire du point de vue de l'initiative même des parlementaires, que dans le temps, en raison des délais imposés au Parlement. La mise en œuvre de la LOLF permet toutefois de constater une certaine revalorisation du rôle budgétaire du Parlement.

I - Les limites à l'initiative parlementaire

Il convient tout d'abord de rappeler que le droit d'amendement des parlementaires sous la Ve République est limité aussi bien quant au moment où les amendements peuvent être déposés, que quant au domaine dans lequel ils peuvent intervenir. En effet, l'art. C. 44, al. 2, permet au gouvernement de s'opposer à l'examen de tout amendement de séance, ce qui oblige en fait les parlementaires à déposer leurs amendements tant que le texte est en commission. De surcroît, l'alinéa 3 de ce même article ouvre au gouvernement la possibilité d'interdire l'examen de tout amendement par le recours au vote bloqué sur un texte dont il détermine seul le contenu. L'art. C. 41 limite l'initiative parlementaire aux matières de la compétence du Parlement non temporairement transférées dans le cadre d'une loi d'habilitation. Enfin, les règlements des assemblées peuvent définir une heure limite de dépôt.

À ces règles, l'art. C. 40 ajoute une limitation (déjà introduite par les articles 14 et 17 de la Constitution de 1946) touchant à la portée des amendements ayant des conséquences financières. Il va de soi que, même si cette disposition est de portée générale, elle trouve à s'appliquer de manière plus drastique en ces matières. Si, en matière sociale, elle est simplement renforcée par une interdiction des cavaliers sociaux *(supra)* par l'art. LO 111-3-III CSS, elle connaît une importance particulière en matière budgétaire.

En effet, l'art. C. 40 est incontestablement plus strict s'agissant des amendements ayant pour conséquence la création ou l'augmentation d'une charge publique que pour ceux diminuant les ressources. En effet, l'emploi du pluriel autorise les parlementaires à présenter des amendements compensés : seul le volume des ressources ne doit pas être modifié. Si un amendement supprime une ressource et en crée une autre sans que le montant global en soit changé, il est recevable à condition que la ressource publique de compensation soit réelle et que la compensation s'opère au sein des ressources d'une même personne (Cons. const., 76-64 DC, 2 juin 1976, *RJC* I-37). En revanche, la compensation entre charges et ressources et entre charges elles-mêmes est interdite. Le Conseil constitutionnel a éclairé la notion de ressources publiques en y incluant celles de l'État, des collectivités territoriales, des régimes obligatoires de sécurité sociale (Cons. const., 60-11 DC, 20 janv. 1961, *RJC* I-7) et des établissements publics administratifs.

Il résulte de ce qui précède que, pour les ressources, rien n'interdit aux parlementaires de refuser la création ou l'alourdissement d'une recette; dans l'hypothèse d'un impôt nouveau, leur droit d'initiative reste ainsi totalement libre. Lors de la discussion des LF, on se place par rapport à la situation préexistante (c'est-à-dire le dernier budget) lorsqu'il s'agit d'une réduction de ressources. Il est admis que le Parlement puisse réduire les augmentations d'impôts projetées par le gouvernement jusqu'à la limite du système fiscal en vigueur (Cons. const., 75-57 DC, 23 juill. 1975, *RJC* I-33).

En matière de charges, il y a aggravation quand l'initiative parlementaire prévoit une subvention, une prestation ou impose à un service public une tâche administrative entraînant un coût en personnel, locaux, matériaux ou études. Pour l'examen de la LF, la base de référence est égale à zéro en vertu du principe de l'annualité. Il est logique qu'en matière de charges, on se situe par rapport au texte en discussion car, dans le cas contraire, les parlementaires ne pourraient proposer de diminuer une nouvelle dépense (Cons. const., 81-132 DC, 16 janv. 1982, *RJC* I-104). Une proposition d'augmentation de dépenses s'apprécie donc par rapport au projet gouvernemental.

Toutefois, le texte en discussion peut constituer la base de référence dans deux cas. Tout d'abord, lors des navettes parlementaires, la recevabilité s'apprécie par rapport à l'état des charges et ressources résultant du texte adopté par l'autre assemblée. En second lieu, quand le texte en discussion entraîne lui-même une aggravation des charges ou une diminution des ressources, les amendements parlementaires qui le rendraient moins onéreux ne peuvent qu'être recevables même si, par rapport au droit existant, ils augmentent les charges ou diminuent les ressources.

Reste que, désormais, la notion de charge publique visée à l'art. 40 C. doit s'entendre des missions dont la création ne peut résulter que d'une loi de finances d'initiative gouvernementale. Les amendements parlementaires ne peuvent être regardés comme recevables que s'ils n'ont ni pour objet ni pour effet de créer une mission ou d'accroître le montant global des crédits de la mission (art. 47 LOLF et Cons. const., 25 juill. 2001, n° 2001-448 DC). Ce dispositif ne concerne que les amendements s'appliquant aux crédits, c'est-à-dire les amendements aux articles de la 2e partie fixant le montant des autorisations d'engagement (art. 34-II-1°) et des crédits de paiement (art. 34-II-3°) pour le budget général, les budgets annexes et les CS.

À noter que cette compétence parlementaire pourra notamment s'exercer par la création de programmes au sein des missions existantes, l'art. 7 LOLF ne réservant la création des programmes qu'aux LF, sans exclure les amendements parlementaires.

En pratique, le débat sur le PLF 2006 accrédite bien l'idée d'une rénovation du droit d'amendement en matière financière; en effet, seules 6 des missions n'ont fait l'objet d'aucun amendement des parlementaires ou des commissions. Par ailleurs, les amendements de réduction ou de redéploiement de charges ont désormais clairement pour objectif l'efficacité de l'action publique.

Les propositions de réaffectation des crédits doivent être motivées afin de permettre d'évaluer la compensation (augmentation d'un crédit gagée par la diminution d'un autre au sein de la mission). Cette exigence de motivation concerne tant les parlementaires que le gouvernement.

Ce sont les autorités parlementaires qui sont chargées du contrôle de la recevabilité des amendements (président de la Commission des finances et président de l'Assemblée nationale, Commission des finances au Sénat), le Conseil constitutionnel n'intervenant en quelque sorte qu'en tant que juge d'appel (Cons. const., 80-126 DC, 30 déc. 1980, *RJC* I-89).

En matière de LFSS, l'irrecevabilité par rapport à l'art. LO 111-3 est appréciée par la Commission des affaires sociales au Sénat et par la Commission des finances à l'Assemblée.

En cas de désaccord entre le gouvernement et les autorités parlementaires sur la recevabilité financière d'un amendement, il n'est pas possible de saisir directement le Conseil constitutionnel. La Haute Juridiction n'acceptera de se prononcer qu'à la condition que l'irrecevabilité ait été soulevée au cours des débats (Cons. const., 77-82 DC, 20 juill. 1977, *RJC* I-49). Ce principe s'applique également aux dispositions organiques des articles 42 de l'Ord. et 111-3-III CSS (Cons. const., 96-384 DC, du 19 déc. 1996).

II - Les délais d'adoption et leurs sanctions

La limitation dans le temps du débat budgétaire constitue la disposition la plus contraignante pour les parlementaires. Sous les IIIe et IVe Républiques, il était très fréquent, pour ne pas dire habituel, que le budget ne soit pas adopté pour le 1er janvier. Selon le principe de l'annualité budgétaire, le gouvernement se trouvait donc sans ressources et sans possibilité d'engager des dépenses. Conscient des inconvénients de cette situation, le Parlement mettait en place tout aussi traditionnellement, des dispositions provisoires. La première, plus symbolique qu'efficace, consistait à « bloquer la pendule ». On arrêtait la pendule dans chaque chambre juste avant minuit et, de manière fictive, la séance du 31 décembre pouvait ainsi se prolonger. L'autre, plus sérieuse, consistait à voter à la hâte l'autorisation de continuer à prélever les impôts déjà en vigueur. Enfin, il était encore possible de voter un montant de dépenses égal au douzième du montant contenu dans le budget de l'année précédente. Si, ce qui n'était pas rare, au 31 janvier le budget n'était toujours pas adopté, on votait un second douzième provisoire. On fut parfois obligé d'en adopter quatre successifs !

Pour éviter que ne se reproduisent des situations aussi contestables, le constituant a enfermé le législateur financier dans des limites extrêmement précises fixées aux articles C. 47 et C. 47-1. Le Parlement dispose d'un délai maximum de 70 jours pour se prononcer sur le projet de LF (v. aussi art. 40 LOLF) et de 50 jours pour le projet de LFSS. (c'est-à-dire pour adopter ou rejeter ces textes). L'Assemblée nationale en première lecture dispose de 40 jours maximum en matière budgétaire et de 20 jours en matière sociale ; si l'Assemblée n'a pas adopté ou rejeté le projet dans ce délai, elle perd son droit de priorité puisque le gouvernement saisit alors le Sénat. Dans ce cas, celui-ci dispose d'un délai de 15 jours pour se prononcer. Restent alors 15 jours maximum pour le reste de la procédure.

Dès lors que le Sénat dispose en principe d'un délai de 20 jours, ne restent donc aux deux assemblées que 10 jours pour la suite de la procédure.

Pour que ces délais puissent être imposés au Parlement, il convient que le gouvernement dépose les projets suffisamment tôt sur le bureau de l'AN. C'est la raison pour laquelle, l'art. 39 LOLF impose au gouvernement de déposer d'une part le projet de LF et les annexes explicatives au plus tard le 1er mardi d'octobre, d'autre part le projet de LFSS et ses annexes principales au plus tard le 15 octobre. Ceci garantit une durée suffisante pour que ces textes soient adoptés en 70 ou 50 jours puis soumis éventuellement au Conseil constitutionnel.

C'est à ce stade que l'on peut noter une différence entre les deux procédures financières. Si le gouvernement ne peut parvenir à réaliser ce dépôt en temps utile pour que la LF soit promulguée avant le début de l'exercice, l'art. 45 LOLF prévoit que le gouvernement peut, au plus tard le 11 décembre, demander au Parlement un vote séparé sur la première partie de la LF. Si cela n'est pas possible ou si ce vote n'a pu être obtenu, le gouvernement peut encore, au plus tard le 19 décembre, demander le vote d'une loi spéciale de perception des recettes qui l'autorise à continuer de percevoir les impôts existants. Si l'un de ces deux textes est adopté, le gouvernement est autorisé à répartir par décrets les services votés, c'est-à-dire le minimum de crédits que le gouvernement juge indispensable pour poursuivre l'exécution des services publics dans les conditions approuvées par le Parlement l'année précédente (art. 45 LOLF *in fine*). Un tel mécanisme n'est pas prévu pour les LFSS. L'absence de procédure d'urgence s'explique ici par le fait qu'il n'existe pas d'équivalent à l'art. 1er de la LF autorisant le prélèvement des impôts et que l'essentiel des dispositions y est incitatif. Pourtant, il n'est pas impossible de croire que la LFSS ne soit pas votée dans les temps et qu'ainsi l'objectif national de dépenses d'assurance maladie opposable aux partenaires sociaux ne puisse être fixé. Une telle situation est d'autant plus envisageable que l'art. C. 47-1 prévoit, comme l'art. C. 47, que les délais impartis au Parlement sont suspendus lorsque celui-ci ne siège pas, comme cela a été le cas lors de la dissolution de 1962. Enfin, pour tenir compte des apports de la révision de 1995, l'art. C. 47-1 prévoit également que ces délais ne courent pas durant les semaines où les assemblées ont décidé de ne pas tenir séance. Cette disposition, qui n'est pas prévue à l'art. C. 47, ne devrait pas devoir s'appliquer puisque les assemblées n'ont, ni l'une ni l'autre, prévu de semaine d'interruption entre le mois d'octobre et le mois de décembre.

Le non-respect des délais par le Parlement est sanctionné. Outre la perte de son droit de priorité par l'Assemblée nationale *(supra)*, les articles C. 47 et C. 47-1 prévoient que le gouvernement peut mettre en vigueur les dispositions du projet de LF par voie d'ordonnances dans l'hypothèse où le Parlement ne se serait pas prononcé dans le délai de 70 jours. Il s'agit en fait de dessaisir le Parlement de son pouvoir financier s'il refuse de l'utiliser de manière raisonnable. Comme on le voit, l'utilisation des ordonnances n'est qu'une faculté offerte au gouvernement qui peut très bien laisser au Parlement plus de 70 ou 50 jours.

Les ordonnances des articles C. 47 et C. 47-1, contrairement à celles de l'art. C. 38, opèrent un transfert définitif des pouvoirs vers l'exécutif. En effet, elles n'ont pas à être soumises à ratification du Parlement. En contrepartie, ces ordonnances n'étant jamais ratifiées, elles restent des actes administratifs. Reste que, jusqu'à présent, jamais le gouvernement n'a eu besoin de recourir à cette procédure; il a toujours obtenu le vote du projet même lorsqu'il ne disposait au Parlement que d'une majorité relative.

Au total, le débat budgétaire peut ne laisser aux assemblées qu'une marge de manœuvre relativement réduite. Combinées entre elles, les différentes procédures évoquées ci-dessus peuvent ainsi aboutir, malgré une opposition totale du Sénat et un mécontentement latent à l'Assemblée nationale (utilisation de l'art. C. 49, al. 3 à chaque lecture), à ce que le gouvernement parvienne à imposer son texte, sans qu'il ait subi d'autres modifications que celles acceptées par lui. C'est ainsi que fut adoptée la LFR du 31 juillet 1962 contenant les crédits pour l'arme atomique.

De ce fait, le gouvernement est sûr, dans la mesure où il dépose les projets suffisamment tôt devant l'AN, d'en obtenir l'adoption avant le 31 décembre. Cette adoption se fera sans modifications majeures, évitant ainsi les inconvénients d'un vote tardif et des refontes totales que l'on connaissait avant. Toutefois, le débat budgétaire ne se résume plus à la « loi des trois L » (« des litanies et de la liturgie budgétaire conduisant à la léthargie parlementaire ») stigmatisée par E. Faure. En effet, l'association du Parlement à l'élaboration de l'architecture budgétaire et la mise en œuvre active et raisonnée du droit d'amendement permettent d'affirmer que l'objectif de revalorisation de la fonction budgétaire du parlement qui fonde en partie la LOLF a été en grande partie atteint.

Section 3
Entrée en vigueur des lois financières

Une fois adoptées par le Parlement, les LF ou LFSS comme les autres lois, n'entrent pas en vigueur immédiatement. Il faut encore qu'elles soient promulguées (I) et publiées (II).

I - La promulgation des lois financières

Il s'agit ici de vérifier la cohérence du texte à promulguer par rapport aux débats et aux votes du Parlement. Cette vérification se fait avant que n'expire le délai de promulgation (B) au cours duquel des incidents peuvent se produire (A).

A - Les incidents pouvant survenir avant la promulgation

Selon les dispositions de l'art. C. 10, al. 2, le président de la République peut seul demander une seconde délibération de la loi. Cette disposition peut naturellement s'appliquer aux LF ou LFSS mais reste très théorique et n'a du reste jamais été mise en œuvre en ces matières.

En effet, si une telle demande ne peut être refusée par le Parlement, on voit pourtant mal l'intérêt que pourrait y trouver le président de la République en période de concordance et pourquoi le Premier ministre apposerait son contreseing obligatoire en période de cohabitation.

Le seul cas dans lequel le président de la République pourrait donc demander une seconde délibération est l'hypothèse d'une erreur technique. Sachant les conditions de préparation du projet de LF, une telle erreur semble inenvisageable.

La saisine du Conseil constitutionnel est en revanche un incident fréquent *(supra)*. Il s'agit là d'une nouveauté importante dans notre droit public financier. Jusqu'en 1958, les règles dans ce domaine étaient généralement violées par le gouvernement et le Parlement sans qu'aucune sanction n'intervienne. Il y a maintenant, comme pour le droit constitutionnel en général, un contrôle du respect des dispositions constitutionnelles et organiques.

Les projets de LF et de LFSS étant examinés selon la procédure d'urgence, le Conseil, ne dispose constitutionnellement que du délai réduit de 8 jours pour se prononcer (délai dont l'irrespect n'est assorti d'aucune sanction). En fait, il suffit que le Conseil statue suffisamment tôt pour permettre à la LF d'entrer en vigueur pour le 1er janvier. Le Conseil dispose donc éventuellement d'un délai de plus de 8 jours.

Le Conseil constitutionnel peut décider que la LF dans son ensemble est inconstitutionnelle, ce qui interdira sa promulgation. Cette hypothèse est relativement rare dans la mesure où il est quasi impossible que toutes les dispositions d'une LF ou d'une LFSS soient contraires à la constitution. Seuls deux cas peuvent néanmoins survenir : la violation d'une règle de procédure qui entache l'ensemble du texte (Cons. const., 79-110 DC, 24 déc. 1979, *RJC* I-75) et l'inséparabilité du reste de la loi de l'art. déclaré non conforme. Peu vraisemblable s'agissant des LFSS, cela est envisageable pour les LF dans l'hypothèse d'une non-conformité de l'article d'équilibre. En effet, le développement de la jurisprudence du Conseil constitutionnel rend réaliste une telle solution : la mise en ? uvre d'un principe de sincérité *(supra)* permet de penser que, lorsque l'insincérité de la présentation gouvernementale conduit à tromper le législateur sur l'étendue du déficit, la LF dans son ensemble serait contraire à la Constitution.

Le Conseil peut également décider que seules certaines dispositions de ces lois sont contraires à la Constitution et constater qu'elles sont détachables de l'ensemble. La loi pourra alors être promulguée sans les dispositions inconstitutionnelles (par ex. Cons. const., 99-424 DC, 29 déc. 1999, *JO* 31 déc., p. 19991).

B - Le délai de promulgation

Aux termes de l'art. C. 10, al. 1er, le président de la République dispose d'un délai de 15 jours pour procéder à la promulgation. Pourtant en matière de LF du moins, le délai est encore réduit par la nécessité de promulguer la loi avant le 31 décembre. En effet, il convient que la LF soit publiée au plus tard au *Journal officiel* du 31 décembre pour entrer en vigueur le 1er janvier ; la promulgation devrait donc intervenir au plus tard le 30 décembre. Ce n'est que dans l'hypothèse où il resterait plus de 15 jours entre le vote de la LF et le 30 décembre que le président de la République retrouverait la totalité de son pouvoir de choix du moment de la promulgation.

II - La publication des lois financières

En application de l'art. 1er du Code civil (issu de l'Ord. du 20 févr. 2004), les lois entrent en vigueur en principe le lendemain de leur publication au *Journal officiel*. On pourrait ainsi s'étonner que la publication au *Journal officiel* du 31 déc. soit suffisante pour permettre l'entrée en vigueur de la loi au 1er janvier. Toutefois, cette disposition ne vaut que pour les lois et règlements opposables aux particuliers. Or, ni la LF ni la LFSS, pour l'essentiel de leurs dispositions, ne peuvent être invoquées par le particulier puisqu'elles ne créent d'obligation juridique qu'entre le Parlement et le gouvernement.

La question n'a en fait d'intérêt que pour les dispositions fiscales. Mais l'art. 1er du Code civil prévoit également que l'entrée en vigueur d'une loi peut résulter de la date fixée par celle-ci. Or, l'art. premier des LF contient une disposition prévoyant la date d'entrée en vigueur des règles fiscales, ce qui constitue, en fait, la mise en ? uvre d'un mécanisme permanent de rétroactivité. Dans la même hypothèse, il conviendrait que les LFSS créant ou modifiant le régime des impôts prévoient également une disposition fixant la date d'entrée en vigueur de ces dispositions.

Lire aussi

- Avril P., « L'intégration des pratiques budgétaires dans la LOLF », *RF fin. publ.,* n° 86-2001
- Aglaé, « Les cavaliers sociaux », *RDP*, 2000. 1165
- Baslé M., « L'économie de la loi organique du 1er août 2001 et l'évaluation. La théorie, les premières pratiques, l'approfondissement nécessaire du lien entre évaluation et procédure budgétaire », in *Constitution et finances publiques, Études en l'honneur de Loïc Philip,* Economica, 2005, p. 265
- Camby J.-P., « Le Conseil constitutionnel et la réforme de la procédure budgétaire », *LPA*, 10 oct. 2001 ; « Droit budgétaire et droit parlementaire », *RF fin. publ.*, n° 79, 2002. 23 ; « Cavaliers », in *Constitution et finances publiques, Études en l'honneur de Loïc Philip,* Economica, 2005, p. 319
- Cannac Y., « La LOLF et le débat budgétaire », *RF fin. publ.,* n° 88-2004
- Carrez G., « Le vote de la loi de finances », *RF fin. publ.,* n° 88-2004
- Chamussy, Fraisse, « Il existe encore des cavaliers sociaux ! », *LPA*, 20 janvier 2006
- Duprat J.-P., « Le Conseil constitutionnel et les LFSS », in Constitution et finances publiques, Études en l'honneur de Loïc Philip, Economica, 2005, p. 59
- Entiope, « Les débats d'orientation budgétaire », *La Revue du Trésor,* 2001. 594
- Hertzog R., « Une grande première : la réforme du droit budgétaire de l'État par le Parlement », *RF fin. publ.*, n° 73, 2001. 7 ; « Les pouvoirs financiers du Parlement », *RDP*, 2002. 298
- Laly-Chevalier C., « Le pouvoir d'amendement des parlementaires en matière financière au regard de la LOLF », *RF fin. publ.*, n° 82-2003
- Lascombe M., Vandendriessche X., « Premier bilan du droit d'amendement parlementaire en régime LOLF », *RF fin. publ.*, 2006, n° 94 p. 49 s
- Maucour-Isabelle A., *La loi organique du 1er août 2001 et la rénovation des pouvoirs budgétaires du Parlement,* Dalloz, coll. « Nouvelle bibliothèque de thèses », 2005
- Méhaignerie P., Rapport d'information n° 3247 : « Les recevabilités financières des initiatives parlementaires », 5 juillet 2006
- Peiser G., « La priorité de l'Assemblée nationale sur le Sénat en matière de LF », *Études de finances publiques*, Economica, 1988, p. 207
- Philip L. (dir.), *L'exercice du pouvoir financier du Parlement,* Economica, 1996
- Prétot X., « Le Conseil constitutionnel, les finances publiques et les finances sociales », *RF fin. publ.*, n° 81, 2003. 373

Chapitre VI
L'exécution des lois de finances

S'agissant de l'exécution, nous n'envisagerons plus que les dispositions des LF. Les LFSS n'ayant pour l'essentiel qu'un caractère incitatif, cette question ne présente pas pour elles d'intérêt réel.

La mise en œuvre de l'autorisation budgétaire relève de la compétence du gouvernement qui dispose en cette matière de différents instruments lui permettant non seulement d'exécuter, mais aussi de modifier la LF (sect. 1). Deux catégories d'acteurs nettement séparés par le droit de la comptabilité publique sont chargées de cette exécution (sect. 2). Enfin, les procédures de recettes et de dépenses obéissent à des règles spécifiques qu'il conviendra de mentionner (sect. 3).

Section 1
Les actes

La LOLF prévoit expressément la compétence du gouvernement (et notamment du ministre des Finances) en matière d'exécution de la LF. Celle-ci se réalise par la voie de la répartition initiale des crédits (I), procédure indispensable à la réalisation des opérations de dépense. Mais le texte organique va bien au-delà de ce simple rôle dérivé reconnu au pouvoir réglementaire en accordant au pouvoir exécutif des compétences élargies lui permettant de modifier, en cours d'exécution, cette répartition (II). On notera que la LOLF (art. 56) a prévu l'obligation de publication au *Journal officiel* des actes réglementaires en cause et des rapports présentant leur motivation; on ne peut que saluer cet effort de transparence.

I - La répartition initiale des crédits

La LOLF est presque totalement muette s'agissant des conditions de l'exécution du budget de l'État. Elle consacre toutefois une disposition spécifique (l'art. 44) à la répartition des crédits : dès la promulgation de la loi de finances de l'année ou d'une loi de finances rectificative, ou dès la publication de l'ordonnance prévue à l'article 47 de la Constitution, le gouvernement prend des décrets portant : 1° Répartition par programme ou par dotation des crédits ouverts sur chaque mission, budget annexe ou compte spécial; 2° Fixation, par programme, du montant des crédits ouverts sur le titre des dépenses de personnel. Mais cette répartition n'est pas immuable et pourra faire l'objet de modifications en cours d'exercice, affectant ainsi tant la structure de l'autorisation parlementaire que le montant des crédits alloués.

A - Le décret de répartition des crédits

Si la loi de finances est l'acte politique indispensable à l'exécution du budget de l'État, elle doit nécessairement être complétée pour devenir réellement exécutoire. En effet, conformément à l'art. 34 de la LOLF, la loi de finances (État B) se borne à fixer, par mission, le montant des autorisations d'engagement et des crédits de paiement et, par ministère et par budget annexe, le plafond des autorisations d'emplois. Pour les budgets annexes et les comptes spéciaux, la loi de finances fixe le montant des autorisations d'engagement et des crédits de paiement ouverts ou des découverts autorisés.

La répartition des crédits à l'intérieur des missions figure dans les bleus budgétaires *(cf. supra)* ; elle est ainsi connue des parlementaires dès le dépôt du PLF, mais elle est évidemment susceptible d'évoluer en fonction des amendements, parlementaires ou gouvernementaux, adoptés lors du débat budgétaire; les « bleus » sont ainsi modifiés en conséquence des votes des parlementaires et le décret de répartition des crédits, qui intervient dès la promulgation de la loi de finances (art. 44 LOLF) va ainsi se contenter de reprendre, sans la modifier, la répartition finale prévue dans les bleus. Le décret de répartition est publié le même jour et dans le même fascicule du *Journal officiel* que la loi de finances elle-même.

B - La répartition au sein des programmes

La LOLF a profondément bouleversé les modalités d'exécution des dépenses par la mise en œuvre de la déclinaison opérationnelle des programmes *(cf. supra)*. En effet, le passage du document « politique » (la loi de finances) à l'exécution sur le terrain s'opère désormais par une nouvelle « chaîne de dépenses ». Comme on le sait, chaque programme est doté d'un « responsable » qui n'est pas gestionnaire de crédits mais approuve le « schéma d'organisation financière » et arrête l'échéancier de mise à disposition des crédits entre les responsables de BOP (budgets opérationnels de programme). La répartition des crédits du programme entre les différents BOP laisse à la disposition du responsable de programme une dotation de réserve aux fins de régulation, et une dotation destinée à pallier les aléas de gestion. Dès l'approbation du projet de BOP par le responsable de programme, les crédits sont notifiés au responsable de BOP en deux enveloppes (titre 2 et autres titres). C'est au responsable de BOP qu'il revient ensuite de répartir les crédits entre les différentes unités opérationnelles.

II - Les modifications en cours d'exécution

La LOLF est animée du souci d'accroître la liberté des gestionnaires de crédits pendant l'exécution, à charge pour eux de rendre compte de leurs résultats lors du débat sur le projet de loi de règlement *(cf. infra)* et sur la LF de l'année suivante. Aussi, à côté de procédures traditionnelles de modification des crédits en cours d'année (A), la LOLF a mis en œuvre le principe de fongibilité asymétrique des crédits (B).

A - Les procédures traditionnelles

L'art. 7-IV de la LOLF prévoit que les crédits ne peuvent en principe être modifiés que par une LF. Toutefois, au-delà des règles propres aux budgets annexes et comptes d'affection spéciale *(cf. supra)* et à la répartition différée des crédits des dotations (art. 11 LOLF) pour dépenses accidentelles et pour mesures générales en matière de rémunérations *(cf. supra)*, la LOLF a confirmé la possibilité de modifications réglementaires des crédits dans les hypothèses suivantes.

1 - Les décrets de virement et de transfert

L'art. 12 de la LOLF indique que des *virements* peuvent modifier la répartition des crédits entre programmes d'un même ministère. Le montant cumulé, au cours d'une même année, des crédits ayant fait l'objet de virements, ne peut excéder 2% des crédits ouverts par la loi de finances de l'année pour chacun des programmes concernés. Ce plafond s'applique également aux crédits ouverts sur le titre des dépenses de personnel pour chacun des programmes concernés.

De même, des *transferts* peuvent modifier la répartition des crédits entre programmes de ministères distincts, dans la mesure où l'emploi des crédits ainsi transférés, pour un objet déterminé, correspond à des actions du programme d'origine. Ces transferts peuvent être assortis de modifications de la répartition des emplois autorisés entre les ministères concernés. Élément indispensable de souplesse de l'exécution budgétaire, le transfert a pour objet d'autoriser un service à réaliser une dépense à la place d'un autre. Ainsi, à la différence des décrets de virement, les arrêtés de transfert ne modifient pas la nature de la dépense prévue par la LF mais ne changent que la détermination du service responsable de la dépense; la modification n'est qu'organique et non matérielle et n'affecte pas le principe de spécialité.

Les virements et transferts sont effectués par décret pris sur le rapport du ministre chargé des finances, après information des commissions des finances et des autres commissions concernées.

Il convient de préciser qu'aucun virement ni transfert ne peut être effectué au profit du titre des dépenses de personnel à partir d'un autre titre. Enfin, ces procédures ne peuvent permettre la création d'un nouveau programme.

2 - Les décrets d'avances

L'art. 13 al. 1er LOLF prévoit la *première catégorie de décrets d'avances* qui peuvent, en cas d'urgence, venir en cours d'année, compléter certains crédits. Ce sont donc des actes qui procèdent à des ouvertures de crédit que le Parlement n'a pas consenties. C'est essentiellement la raison qui justifie que ces actes soient soumis à ratification parlementaire dans le plus prochain projet de loi de finances afférent à l'année concernée. Ces décrets sont pris sur avis du Conseil d'État et après avis des commissions des finances dans un délai de 7 jours à compter de la notification du projet de décret et ne doivent pas affecter l'équilibre budgétaire défini par la dernière loi de finances. À cette fin, les décrets d'avance procèdent à l'annulation de crédits ou constatent des recettes supplémentaires pour gager l'ouverture des crédits. Le montant cumulé des crédits ainsi ouverts ne peut excéder 1 % des crédits ouverts par la loi de finances de l'année.

La *deuxième catégorie de décrets d'avances* (art. 13 al. 4), qui s'applique également à ces crédits limitatifs, ne peut intervenir qu'en cas d'urgence et de nécessité impérieuse d'intérêt national et même s'il est porté atteinte à l'équilibre budgétaire. Devant la gravité d'une telle situation, seuls des décrets en Conseil des ministres pris après information des commissions des finances, peuvent ouvrir ces crédits et la ratification devra en être demandée immédiatement ou à l'ouverture de la plus prochaine session. Jusqu'à la révision constitutionnelle du 4 août 1995, le gouvernement disposait en fait d'une assez grande marge de manœuvre compte tenu de la durée des périodes d'intersession. Cette liberté ne subsiste plus aujourd'hui que durant les seuls mois de juillet, août et septembre. En dehors de ces périodes, il doit nécessairement déposer immédiatement un projet de LFR ou de règlement pour opérer la ratification de ces décrets d'avances. Cependant, on rappellera que l'obligation de dépôt n'impose pas l'inscription immédiate à l'ordre du jour.

Il est théoriquement possible au Parlement de ne pas ratifier ces décrets, ce qui vaudrait en fait suppression des crédits ainsi ouverts et désaveu de l'exécutif. En fait, le plus souvent, les crédits sont déjà utilisés lorsque la ratification est demandée au Parlement qui ne peut plus guère revenir en arrière.

3 - Annulations et mises en réserve

L'art. 14-I LOLF prévoit qu'*« Afin de prévenir une détérioration de l'équilibre budgétaire défini par la dernière loi de finances afférente à l'année concernée, un crédit peut être annulé par décret pris sur le rapport du ministre chargé des finances. Un crédit devenu sans objet peut être annulé par un décret pris dans les mêmes conditions. »*. L'annulation ne peut intervenir que par décret pris sur le rapport du ministre des Finances et après information des commissions des finances des deux assemblées. La LOLF fixe en outre un plafond de 1,5% des crédits ouverts par les LF de l'année en cours, limite qui s'étend à l'ensemble des annulations, y compris celles visant à gager un décret d'avances *(cf. supra)* ; ce taux devrait inciter le gouvernement à intégrer dans la LFR les annulations de fin d'année. Les crédits dont l'annulation est proposée par un projet de loi de finances rectificative sont indisponibles pour engager ou ordonnancer des dépenses à compter de son dépôt jusqu'à l'entrée en vigueur de la loi ou, le cas échéant, jusqu'à la décision du Conseil constitutionnel interdisant la mise en application de ces annulations (art. 14-II LOLF).

Ces annulations de crédit peuvent se combiner avec la pratique des mises en réserve désormais prévue par l'art. 14-III de la LOLF : *« Tout acte, quelle qu'en soit la nature, ayant pour objet ou pour effet de rendre des crédits indisponibles, est communiqué aux commissions de l'Assemblée nationale et du Sénat chargées des finances »*. La LOLF a ainsi consacré la pratique des gels de crédits. Cette régulation budgétaire fait l'objet de lettres du Premier ministre ou du ministre du Budget bloquant un pourcentage de crédits de dépenses ordinaires ou d'autorisations d'engagement et de crédits de paiement en capital, à l'exclusion des dotations réputées non régulables composées, pour l'essentiel, des crédits de rémunérations et de pensions et de ceux relatifs aux charges de la dette publique. Le plus souvent ces gels de crédits, qui doivent être communiqués aux commissions des finances des deux assemblées, sont suivis en cours d'année par des annulations de crédits. Faisant d'ores et déjà application de ces dispositions, le Conseil constitutionnel (27 déc. 2002, n° 2002-464 DC) a indiqué qu'il est toujours loisible au gouvernement de prévoir la mise en réserve, en début d'exercice, d'une faible fraction des crédits ouverts afin de prévenir une détérioration éventuelle de l'équilibre budgétaire.

Le décret n° 2005-54 du 27 janv. 2005 relatif au contrôle financier central a d'ailleurs précisé que le contrôleur financier *« assiste le ministre chargé du budget dans la mise en œuvre des mesures destinées à prévenir une détérioration de l'équilibre budgétaire »*.

B - La fongibilité asymétrique des crédits

Dans une logique de globalisation des crédits, l'article 7 de la LOLF prévoit, à titre indicatif, une ventilation des crédits par nature, c'est-à-dire par titre : dotations des pouvoirs publics (titre 1), dépenses de personnel (titre 2), dépenses de fonctionnement (titre 3), charges de la dette (titre 4), dépenses d'investissement (titre 5), dépenses d'intervention (titre 6) et dépenses d'opérations financières (titre 7).

La répartition des crédits au sein du programme n'est ainsi qu'indicative et le responsable de programmes peut réaffecter les crédits d'une action à l'autre à l'intérieur d'un même programme pourvu qu'il respecte les règles de fongibilité concernant l'axe par nature, c'est-à-dire la présentation des crédits par titres. En particulier, l'article 7 de la LOLF limite cette fongibilité dans la mesure où *« les crédits ouverts sur le titre des dépenses de personnel de chaque programme constituent le plafond des dépenses de cette nature »*. Ainsi, les crédits du titre 2 peuvent venir abonder les crédits des autres titres (dépenses de fonctionnement, d'investissement ou d'intervention), et les crédits de ces autres titres peuvent librement être réaffectés entre eux. En revanche, il est impossible d'abonder le titre 2 à partir des crédits d'autres titres. C'est ce qu'on appelle la « fongibilité asymétrique » des crédits qui a été définie par la Direction de la réforme budgétaire comme la « faculté de définir (sous la limite de l'asymétrie) l'objet et la nature des dépenses lors de l'exécution du programme pour en optimiser la mise en œuvre ». Il s'agit, dans une logique de gestion par la performance, d'accorder davantage de liberté aux gestionnaires pour leur permettre d'atteindre les résultats sur lesquels ils se sont engagés.

Ainsi, chacun à leur niveau, le responsable de programme et le responsable de BOP peuvent réaffecter les crédits en cours d'exercice entre les BOP et entre les unités opérationnelles. Ils peuvent ainsi, selon la Moderfie *« moduler ces moyens en fonction des modifications du plan d'action, par des reprises et/ou des réallocations tout au long de l'année »*. En revanche, le responsable d'unité opérationnelle n'est pas autorisé à exercer la fongibilité asymétrique. Les modalités concrètes d'exercice de cette fongibilité sont définies, par le responsable de programme, dans une « charte de gestion » qui indiquera notamment les conditions d'emploi des éventuelles marges de manœuvre dégagées en cours d'exercice (opérations qui ne sont pas réalisées ou réalisées à un coût inférieur aux prévisions).

Section 2

Les acteurs : le principe de séparation des ordonnateurs et des comptables

Le principe de la séparation des ordonnateurs et des comptables est fort ancien (posé pour la première fois par l'Ord. du 14 sept. 1822) et affirmé aujourd'hui par l'art. 20 du décret du 29 déc. 1962 (RGCP) : « Les fonctions d'ordonnateur et celles de comptable sont incompatibles. »

Il est apparu souhaitable qu'un même agent ne puisse pas décider d'une recette ou d'une dépense et l'exécuter lui-même. L'existence de deux catégories d'agents permet un contrôle de l'un sur l'autre et interdit l'action de l'un sans l'autre. Cette dichotomie se justifie d'une part par la volonté d'éviter les malversations et fraudes, et d'autre part par le souci de séparer des tâches par nature différentes.

S'il connaît un champ d'application très vaste, le principe de séparation est toutefois écarté dans certaines hypothèses. C'est le cas lorsque la dépense présente un caractère mécanique (dépenses dites « sur revue » comme par exemple le paiement du traitement des fonctionnaires) ou que son montant est constaté par un compteur (dépenses effectuées sans ordonnancement, ex. : électricité, téléphone). Quant aux recettes, le principe est écarté pour les impôts indirects (TVA) ainsi que pour l'ensemble des impôts dont le montant est directement déterminé par le contribuable lui-même qui s'acquitte spontanément de sa dette (impôt sur les sociétés).

On mentionnera encore le cas des régies (d'avance ou de recettes) qui permettent à un administrateur de percevoir des recettes ou de procéder au paiement de dépenses sans intervention du comptable public.

Déjà mis à mal par la mise en œuvre progressive du système ACCORD (application coordonnée de comptabilisation, d'ordonnancement et de règlement de la dépense de l'État), le principe de séparation des ordonnateurs et des comptables, depuis longtemps contesté, semble devoir être assez largement sacrifié sur l'autel de la « nouvelle gestion publique » notamment en raison de la mise en œuvre, par le « droit dérivé de la LOLF » d'un nouveau « chaînage » de la dépense ainsi que des nouvelles modalités d'intervention des comptables publics dans l'opération de dépense.

I - Les ordonnateurs

Les ordonnateurs n'appartiennent pas à un corps spécialisé en matière financière, et leur pouvoir de décision en ce domaine découle directement de leur statut d'administrateur, ministres ou fonctionnaires d'autorité. Ils sont par conséquent chargés de la direction des services et organismes publics et leurs attributions financières ne sont que le complément de leurs fonctions administratives. Ils prescrivent l'exécution des recettes et des dépenses et établissent les titres qui, juridiquement, permettront au comptable de procéder aux opérations.

Il existe une classification des ordonnateurs qui distingue les ordonnateurs principaux c'est-à-dire les autorités auxquelles les documents budgétaires accordent les crédits et les autorisations de recettes (pour le budget de l'État, il s'agit des différents ministres) et les ordonnateurs secondaires auxquels les ordonnateurs principaux peuvent déléguer une partie de leurs attributions (par exemple, recteurs, intendants militaires ou préfets).

À cela s'ajoutent les ordonnateurs délégués (membres des cabinets ministériels ou hauts fonctionnaires par exemple) et suppléants (ils remplacent les ordonnateurs principaux ou secondaires en cas d'absence ou d'empêchement) investis d'une simple délégation de signature.

Sauf exception, les responsables de programme et de BOP n'ont pas le statut d'ordonnateur. En effet, « seuls les responsables d'unités opérationnelles sont ordonnateurs des crédits votés par le Parlement au sens de l'article 5 du décret du 29 décembre 1962 : ils constatent les droits des organismes publics et liquident les recettes ; ils engagent et liquident les dépenses de l'État. C'est de leur activité que naissent les dettes de l'État envers les tiers » (Moderfie, *Guide pratique de la déclinaison opérationnelle de programmes. Les budgets opérationnels de programme,* janv. 2005, p. 40). Ils disposent d'une grande souplesse dans la gestion de leurs enveloppes (titre 2 et autres titres) par le biais de la mise en œuvre, après accord avec le responsable de BOP, de la fongibilité interne entre les crédits de ces deux enveloppes *(cf. supra)*.

II - Les comptables

Aux termes de l'art. 1er du décret du 9 août 1953, « est comptable public tout fonctionnaire ou agent ayant qualité pour exercer, au nom de l'État, d'une collectivité ou d'un établissement public, des opérations de recettes, de dépenses ou de maniement de titres, […]. » Contrairement aux ordonnateurs, les comptables exercent une compétence liée : leur activité est strictement définie par les textes; ils exécutent matériellement les opérations de recettes et de dépenses et opèrent un contrôle sur les ordres émanant des ordonnateurs.

L'exécution des opérations financières relève de la compétence de trois catégories de comptables. En premier lieu, les comptables directs du Trésor sont les comptables de droit commun (art. 68 du RGCP) : ils exécutent toutes opérations de recette, de dépense et de trésorerie du budget général et des comptes spéciaux. Dans cette première catégorie, les comptables principaux doivent intégrer dans leurs propres écritures comptables les opérations réalisées par les comptables subordonnés placés sous leur autorité.

Les comptables directs du Trésor relèvent de la Direction de la comptabilité publique qui apparaît aujourd'hui comme la direction ayant en charge la gestion des services extérieurs du Trésor (perceptions et trésoreries paieries générales) alors que ses services centraux sont chargés d'informer les différents décideurs économiques sur la situation des finances de l'État.

En deuxième lieu, les comptables des administrations financières sont spécialisés dans la perception de certaines impositions : receveurs des services fiscaux (TVA, contributions indirectes, droits d'enregistrement, de timbre...) ou des services des douanes.

Enfin, des comptables spécialisés sont chargés du maniement des fonds d'un service déterminé (notamment comptables des budgets annexes et des établissements publics nationaux).

On notera que les comptables publics sont qualifiés de « comptables patents ». En revanche, si une personne réalise de telles opérations financières sans avoir la qualité de comptable public, elle sera qualifiée de « comptable de fait ».

Section 3
Les procédures

Régies par le droit de la comptabilité publique, les procédures de dépense (I) et de recette (II) ne seront ici que sommairement évoquées.

I - La procédure de dépense

Selon l'art. 28 du RGCP, « avant d'être payées, les dépenses sont engagées, liquidées, et le cas échéant, ordonnancées ». En fait, ces quatre étapes menant de la naissance à l'extinction de la dette, doivent être regroupées en deux phases correspondant au principe de la séparation des ordonnateurs et des comptables. Aux premiers, reviendra la charge de réaliser la phase administrative (A) du règlement de la dette, aux seconds l'opération comptable de son paiement (B).

A - La phase administrative

Constituée de trois étapes distinctes : l'engagement, la liquidation et l'ordonnancement, la phase administrative est confiée à l'ordonnateur.

L'engagement est l'acte par lequel un organisme public « crée ou constate à son encontre une obligation de laquelle résultera une charge » (RGCP art. 29).

L'engagement est en principe volontaire, et prend alors la forme d'un acte juridique par lequel l'administrateur crée une obligation pour la personne publique. Il peut s'agir d'un acte unilatéral (nomination d'un agent, organisation d'une réception, réalisation d'une expropriation) ou d'un contrat (passation de marché de travaux, marché de fournitures, commande, etc.). C'est dans ce cas l'acte juridique qui constitue en même temps le fait générateur de la dette de la collectivité publique.

Mais l'engagement peut aussi simplement constater l'existence d'une dette née par ailleurs d'un fait juridique engageant la responsabilité de la collectivité publique et mettant à sa charge l'obligation d'indemniser la victime. Dans ce cas, l'engagement n'est pas le fait générateur de la dette. Celui-ci résulte, selon le cas, d'un fait dommageable ou d'une décision de justice condamnant la collectivité à réparation. L'ordonnateur se contente ici de tirer les conséquences de l'événement extérieur sur lequel il n'a aucune prise. Il réalisera par l'ordonnancement le blocage des fonds nécessaires au paiement de l'indemnité.

La liquidation a pour objet de vérifier la réalité de la dette et d'arrêter le montant de la dépense (RGCP, art. 30).

Il s'agit donc dans un premier temps de vérifier l'existence et la validité des droits dont un créancier se prétend titulaire à l'encontre d'une collectivité publique. L'ordonnateur doit s'assurer que le demandeur est bien, soit la victime du dommage ou le bénéficiaire de l'indemnité décidée par le juge, soit qu'il ait bien rempli les obligations contractuelles, statutaires ou réglementaires que l'engagement avait mises à sa charge ; c'est la vérification du « service fait ».

Par ailleurs, l'ordonnateur vérifiera que la dette n'est pas, en tout ou partie éteinte, soit en raison de paiements antérieurs, soit par application de la prescription quadriennale.

En effet, en application de la loi du 31 déc. 1968, les dettes des collectivités publiques se prescrivent par 4 ans à compter du 1er janvier de l'année qui suit l'exercice au cours duquel la dette est devenue certaine (c'est-à-dire, de l'année au cours de laquelle le service a été fait ou un dommage est survenu). Il convient donc que le créancier d'une personne publique réclame à l'ordonnateur de celle-ci le paiement de sa créance avant l'expiration du délai faute de quoi la dette est éteinte.

Enfin, si le créancier de l'État est en même temps son débiteur, la personne publique pourra demander de faire jouer le mécanisme de la compensation.

La liquidation suppose ensuite de déterminer le montant de la dette. Ce calcul n'a cependant pas lieu d'être pour les dettes dont le montant a été fixé par le juge.

L'ordonnancement est « l'acte administratif donnant au comptable, conformément aux résultats de la liquidation, l'ordre de payer la dette de l'organisme public » (RGCP art. 31). Cet ordre prendra la forme d'un ordonnancement direct si c'est un ordonnateur principal de l'État qui l'émet ou de mandats de paiement si c'est un ordonnateur secondaire ou un ordonnateur d'une autre personne publique. L'ordonnancement ou le mandatement doit respecter les règles de la spécialité des crédits et donc imputer la dépense au bon chapitre ; il doit par ailleurs ne pas dépasser le montant des crédits ouverts et disponibles.

B - La phase comptable

Simplement constituée du paiement, acte par lequel l'organisme public se libère de sa dette (art. 33 RGCP), cette phase est mise en œuvre par le comptable qui doit préalablement effectuer un contrôle du bon déroulement de la phase administrative. En plus d'être caissier, le comptable a donc un rôle de payeur. L'importance et la complexité des contrôles opérés rendent pourtant cette phase longue et les créanciers des personnes publiques s'en trouvent pénalisés.

Les dettes sont en principe payées au créancier, à moins que celui-ci n'ait donné procuration à un tiers. Le versement se fait sur un compte, les paiements en espèces étant de plus en plus rares à moins qu'il s'agisse de vacations, de dépenses urgentes d'un faible montant ou encore de pensions de retraite. Dans les autres cas, on utilise le chèque tiré sur le trésor, le virement de compte à compte ou encore, mais de façon exceptionnelle, le mandat postal, en particulier pour certaines dépenses à caractère social. Dans le cadre des marchés publics et depuis 1987, l'ordonnateur peut, après réception d'une facture, autoriser sous trente jours le fournisseur à remettre à son banquier une lettre de change-relevé que celui-ci pourra escompter sous un maximum de 60 jours.

II - Les procédures de recettes

Les recettes publiques ont pour origine des créances qui résultent de l'application des lois, règlements, décisions de justice ou conventions ou de certains faits (acquisition d'un revenu, achat ou vente d'un bien, passage de la frontière, bénéfice des prestations d'un service public, etc.). Par conséquent, les ordonnateurs ne créent pas les recettes publiques; ils se bornent à les constater et à les liquider.

La perception des recettes fiscales suppose la succession de plusieurs phases. Pour la fiscalité directe, le principe de séparation des ordonnateurs et des comptables s'applique. En revanche, pour les impôts indirects, une seule administration est chargée de l'ensemble des opérations.

L'opération d'assiette consiste à déterminer la matière imposable qui doit être imputée à chaque contribuable (par exemple, pour l'impôt sur le revenu, le fait générateur est constitué par les traitements, salaires et autres rémunérations perçues par le contribuable). Dans la plupart des cas l'évaluation de la matière imposable repose en France sur le système de déclaration contrôlée : le contribuable déclare spontanément à l'administration l'assiette de l'impôt. D'autres techniques d'évaluation subsistent comme la technique du forfait ou la méthode indiciaire.

La liquidation consiste à chiffrer exactement le montant de la recette par application du taux de l'impôt à la matière imposable. La créance doit ensuite faire l'objet d'un ordre de recettes qui prend la forme, soit d'un rôle nominatif (impôt sur le revenu), soit d'un avis de mise en recouvrement (impôts indirects). Dans certains cas, un tel ordre de recettes n'est pas nécessaire puisque c'est le contribuable lui même qui calcule son impôt et s'en libère directement (TVA).

Enfin, le recouvrement relève en principe du comptable du Trésor. Le règlement est effectué par versement d'espèces, remise de chèques, effets bancaires ou postaux, voire par carte bancaire.

Pour ce qui est des recettes non fiscales, l'ordonnateur déterminera le service rendu à l'usager (location ou vente de biens ou autre), en calculera le montant et enfin émettra un ordre de recette; il y a dans ce cas « ordonnancement ». Un comptable sera chargé d'exécuter cet ordre de recette qui, là encore, doit normalement être spontanément acquitté par le débiteur.

On mentionnera enfin que les ministres, et eux seuls, peuvent émettre un type particulier et plus contraignant d'ordre de recette : l'arrêté de débet (art. 84 RGCP). Il vise les comptables publics patents ou de fait ainsi que les fournisseurs, entrepreneurs et soumissionnaires de marchés et les personnes détenant illégalement des deniers publics.

Lire aussi

- Amselek P., « Une institution financière en clair obscur : la règle du service fait, Études de finances publiques », *Mélanges Gaudemet,* Economica, 1988, p. 421
- Champagne G., « La pratique des décrets d'avances sous la Ve République », *RD publ.,* 1983, p. 1013
- Conan M., « La régulation budgétaire en quête de légitimité », *RF fin. publ.,* n° 48, 1994, p. 195
- Dantonel-Cor N., « Autorisation de dépense et pouvoir réglementaire », *Rev. Trésor,* 1994, p. 243
- Magnet J., *Éléments de comptabilité publique,* LGDJ, coll. « Systèmes », 1998
- Maitre C., *La mise à disposition des crédits budgétaires,* LGDJ, 1989
- Lascombe M., Vandendriessche X., « RGCP annoté », Code administratif Dalloz, 2007

Chapitre VII

Le contrôle de l'exécution du budget

Différents types de contrôle ont été mis en place pour s'assurer que les actes de recettes et de dépenses de l'État sont accomplis dans le respect des règles en vigueur (sect. 1). Si une anomalie venait à apparaître, des sanctions pourraient être prises contre les agents chargés de l'opération (sect. 2).

Section 1
Les différents types de contrôles

On distingue trois types de contrôle sur l'exécution des opérations permanentes de l'État : l'un est réalisé par l'administration elle-même (I), l'autre opéré par des juridictions (II), le troisième est exercé par le Parlement (III).

I - Le contrôle administratif

Ce contrôle peut prendre trois aspects. Il est tout d'abord le fait de fonctionnaires de l'administration des finances qui, placés auprès des principaux ordonnateurs, vont veiller au respect des règles essentielles du droit de la comptabilité publique (A). Ensuite, les comptables vont vérifier les opérations réalisées par les ordonnateurs avant de payer la dépense (B). Enfin, le corps de l'inspection générale des Finances s'assurera que l'ensemble des dispositions comptables a été respecté (C).

A - Le contrôle financier

Le *contrôle financier,* préalablement appelé « contrôle des dépenses engagées », est réalisé par le contrôleur financier, agent du ministère du budget placé auprès de chaque ministre dépensier. C'est un décret du 21 janvier 2005 qui est venu adapter le contrôle financier central pour le mettre en adéquation avec la nouvelle logique de liberté induite par la LOLF. Afin de se conformer à la nouvelle déclinaison opérationnelle des programmes, l'art. 3 du décret prévoit qu'il existe un contrôleur financier soit auprès d'une autorité administrative centrale, soit auprès d'une autorité administrative déconcentrée, soit auprès d'un service à compétence nationale, soit auprès d'une autorité administrative indépendante. Ainsi, par exemple, le contrôle financier auprès du BOP est en principe exercé par le TPG régional.

L'art. 1er du décret définit les missions nouvelles du contrôle financier. Tout d'abord, il participe à la *maîtrise de l'exécution des lois de finances,* tant en crédits qu'en effectifs et concourt, à ce titre, à l'identification et à la prévention des risques financiers ainsi qu'à l'analyse des facteurs explicatifs de la dépense et du coût des politiques publiques. Il assiste le ministre chargé du budget dans la mise en œuvre des mesures destinées à prévenir une détérioration de l'équilibre budgétaire.

Ensuite, lors de l'examen de la *programmation budgétaire*, il vérifie le caractère sincère des prévisions de dépenses et d'emplois présentées par les responsables de programme et, au sein de chaque programme, par les gestionnaires des administrations civiles et militaires de l'État, et leur compatibilité, dans la durée, avec les objectifs de maîtrise de la dépense publique. Il contrôle le document annuel de programmation budgétaire initiale, les documents prévisionnels de gestion, leurs modifications en cours de gestion ainsi que certains projets d'actes d'affectation de crédits et d'engagement de dépenses. Il examine les comptes rendus d'utilisation des crédits et des emplois. Le contrôleur financier va apposer son visa sur *« le document annuel de programmation bud-*

gétaire initiale établi obligatoirement par chaque ministre » (art. 5 du décret de 2005). Il va ainsi s'assurer de la sincérité de la programmation des crédits c'est-à-dire « *sur l'exactitude des projets de répartition des emplois de chaque ministère et de répartition des crédits de chaque programme entre les services de l'État ainsi que sur la cohérence des emplois alloués et des crédits de personnels correspondants pour chaque programme [ainsi que] sur les conditions de présentation des documents prévisionnels de gestion et de suivi de l'exécution budgétaire établis par les gestionnaires* ». Le contrôleur financier va émettre un avis sur les projets de BOP en insistant sur « *la cohérence budgétaire d'ensemble de ces documents, sur l'impact des charges prévues sur les finances publiques et sur la couverture des dépenses que l'État est juridiquement tenu de supporter ainsi que de celles qui apparaissent d'ores et déjà inéluctables* » (art. 6 du décret de 2005).

Le contrôleur financier exerce également sa mission en matière de suivi de l'*exécution des dépenses*, s'agissant en particulier des demandes de diminution des réserves de crédits (déblocage de crédits ou modification de l'échéancier du rythme de consommation des crédits). En matière de gestion des crédits en cours d'exécution, le décret de 2005 (art. 10) prévoit que le contrôleur financier émet un avis préalable sur tout projet tendant à diminuer les crédits affectés aux dépenses de personnel. Il doit être informé, dans les meilleurs délais, par les responsables de programme des modifications de répartition des crédits entre les services qui n'ont pas pour effet de diminuer ces crédits de personnel. Il donne également son avis motivé sur les propositions budgétaires et les demandes de crédits additionnels de toute nature émanant des services auprès desquels il est placé.

Le *contrôle budgétaire des actes de dépenses* est exercé par le contrôleur financier du BOP auprès duquel est rattachée l'unité opérationnelle puisque c'est à ce niveau que s'exerce la fonction d'ordonnateur. Le visa ne pourra plus être refusé pour un motif de légalité d'un projet d'acte. Les visas ou les avis préalables sur les engagements de dépenses et les ordonnances de paiement ne porteront désormais que sur certains projets d'actes définis par arrêté du ministre chargé du budget pour chaque ministère. Concernant les ordonnances de paiement, cette liste est établie en fonction de la nature des dépenses en cause ou de leur montant particulièrement élevé. Les contrôles peuvent toutefois être renforcés, à la demande du contrôleur financier ou du ministre concerné, *« en cas de non-respect [...] des dispositions prévues aux articles 5, 6, 7, 8 et 9 pour l'exercice du contrôle financier ou en cas de dépassement de crédits budgétaires disponibles ou encore de charges annuelles s'avérant incompatibles avec les objectifs de maîtrise de la dépense publique »* (art. 11 du décret de 2005).

L'avis préalable peut ne pas être suivi par le gestionnaire à la simple condition qu'en soit informé le contrôleur financier par une décision motivée. En revanche, le refus de visa ne peut être « passé outre » que *« sur autorisation du ministre chargé du budget saisi par le ministre concerné »*. Enfin, la procédure de visa ou d'avis préalable est enfermée dans un délai de 15 jours au-delà duquel *« l'autorité administrative compétente peut utiliser les crédits ou engager la dépense conformément à sa proposition »* (art. 14). Le contrôleur financier peut suspendre ou proroger ce délai par une demande d'informations complémentaires.

B - Le contrôle exercé par les comptables

Les contrôles opérés par les comptables avant d'effectuer le paiement de la dépense sont fondés sur des textes anciens (le règlement général sur la comptabilité publique de 1962 et la loi de finances rectificative du 28 févr. 1963) mais sont appelés à évoluer compte tenu de la mise en œuvre de la LOLF.

1. Le contrôle « classique »

Le comptable ne peut en aucun cas exercer un contrôle d'opportunité sur les décisions de l'ordonnateur, seul juge en cette matière. Il doit se borner à un contrôle de régularité de toutes les opérations de recettes et de dépenses. S'agissant de ces dernières, le contrôle du comptable portera tout d'abord sur la *réalité de l'ordonnancement* et sur la qualité de l'ordonnateur qui l'enjoint de payer. Il vérifiera ensuite la *présence des visas* attestant que le contrôle financier a bien eu lieu, s'il était nécessaire.

Le comptable contrôlera ensuite la *validité de la créance.* À ce stade, il ne lui appartient pas de vérifier la légalité des pièces qui lui sont fournies comme justificatif même s'il doit s'assurer de leur exactitude. Enfin, le comptable s'assurera du *caractère libératoire du paiement* qu'il est invité à effectuer.

Si l'un de ces contrôles s'avère être négatif, le comptable suspend le paiement et renvoie alors le dossier à l'ordonnateur pour qu'il rectifie l'irrégularité constatée. S'il payait néanmoins, sa responsabilité personnelle serait engagée.

L'ordonnateur peut passer outre à la décision du comptable et le requérir. La réquisition a pour effet de décharger le comptable de sa responsabilité et corrélativement de faire porter cette responsabilité sur l'ordonnateur. Le comptable doit toutefois persister dans son refus en cas d'indisponibilité des crédits ou d'absence de service fait.

Il appartient ensuite au comptable, requis ou assuré par ces contrôles que la dette de la collectivité est réelle et fondée, d'assurer le paiement en apposant son visa : « Vu, bon à payer ». Il doit auparavant encore vérifier qu'il n'y a pas d'actions ayant pour objet d'arrêter le paiement. C'est en particulier le cas lorsque le créancier de l'État est lui-même débiteur envers des tiers qui disposent sur lui de créances privilégiées. Les tiers doivent faire opposition au paiement entre les mains du comptable (et non de l'ordonnateur) avant que le visa ne soit effectivement apposé.

2. Les nouvelles modalités du contrôle du comptable

Sans avoir modifié les textes fondant le rôle du comptable en matière de contrôle des dépenses publiques, la pratique a introduit ce qu'il est convenu d'appeler le *contrôle hiérarchisé de la dépense* (CHD) qui se fonde sur un contrôle sélectif organisé autour des enjeux de la dépense et proportionné en fonction du risque. Abandonnant la logique du contrôle exhaustif de la régularité des opérations, le CHD doit aboutir à un contrôle *a poste-*

riori, par sondage sur des échantillons de dépenses définis de manière aléatoire mais en insistant toutefois sur les dépenses les plus importantes en montant. Il existe toutefois un « référentiel national » qui comporte une partie obligatoire pour certaines dépenses en raison des risques et des enjeux financiers qu'elles présentent, et une partie indicative, laissée à l'appréciation du comptable. Le comptable peut également désormais programmer les contrôles en fonction de sa charge de travail

Le *contrôle partenarial* cherche, par une collaboration entre le comptable, l'ordonnateur et le gestionnaire à alléger et simplifier le rôle du comptable en abandonnant son côté « tatillon » et systématique. Il revient en effet au comptable d'apprécier les risques après avoir évalué la fiabilité de l'ensemble des procédures mises en œuvre dans la chaîne de la dépense. Si cette évaluation, réalisée en commun par l'ordonnateur, le gestionnaire et le comptable ne révèle aucune défaillance importante, le comptable public n'exerce plus un contrôle systématique et se concentre sur le respect de la qualité des procédures. Si les contrôles internes mis en place par l'ordonnateur sont suffisants, le comptable peut supprimer ses vérifications.

Reste que ces nouvelles modalités d'exercice de la fonction de contrôle du comptable public n'ont été définies que par du droit « mou », sans aucune base juridique et notamment sans modification des textes relatifs à la responsabilité des comptables publics. Ils restent donc pécuniairement et personnellement responsables sur leurs deniers personnels pour la totalité des opérations du poste comptable qu'ils dirigent et ne pourront s'exonérer, devant le juge des comptes, en invoquant ces nouvelles procédures. C'est, par conséquent, par le jeu de la remise gracieuse accordée par le ministre du Budget que les comptables seront déchargés des débets prononcés par le juge.

C - Le contrôle de l'Inspection générale des finances

Créée par l'ordonnance du 10 mars 1831, l'inspection générale des finances est placée directement sous l'autorité du ministre des Finances. Elle peut exercer son contrôle sur tous les comptables publics, sur les ordonnateurs, sur les caisses d'épargne, les caisses de sécurité sociale et même à l'égard de certaines personnes privées bénéficiant de fonds publics.

Les inspecteurs seuls, ou plus souvent en brigade, effectuent des contrôles sur place à l'occasion de visites inopinées. Ils disposent dans ce cadre des pouvoirs les plus étendus pouvant même aller jusqu'à prononcer la suspension immédiate d'un comptable public.

Les inspecteurs établissent un rapport sur le fonctionnement du service inspecté, montrant les irrégularités comptables ou les défauts de fonctionnement du service. Le comptable répond aux critiques faites et les inspecteurs font alors des observations sur ces réponses. Le rapport ainsi établi, se termine par des conclusions et est transmis au ministre à qui il revient en fait de prendre les mesures appropriées, soit en prenant des instructions de services pour améliorer le fonctionnement de celui-ci et le respect des règles comptables, soit en engageant la responsabilité du comptable.

Hélas, le nombre des inspections est extrêmement réduit au point que certains services ne sont contrôlés en moyenne que tous les 200 ans !

II - Les contrôles exercés par la Cour des comptes

Créée en 1807, la Cour des comptes est une juridiction administrative spécialisée dont la mission traditionnelle consiste à juger les comptes des comptables publics (A). Sa mission la plus visible aujourd'hui est toutefois d'ordre non juridictionnel (B).

A - Le contrôle juridictionnel des comptes des comptables

La Cour des comptes est compétente notamment pour juger les comptes de l'ensemble des comptables publics (elle ne statue en réalité que sur les comptes des comptables principaux). L'intervention de la Cour ne nécessite aucune saisine et elle statue sur les comptes selon un programme défini par son Premier président dans la mesure où, chaque année, les comptables principaux lui remettent l'intégralité de leurs opérations (c'est l'obligation de reddition des comptes, accompagnés des pièces justificatives). Le juge des comptes a ainsi une compétence d'ordre public qui le soumet à une véritable « obligation de juger » sous réserve désormais d'une prescription de 6 ans. La Cour ne peut légalement fonder ses décisions que sur les éléments matériels des comptes soumis à son contrôle, à l'exclusion notamment de toute appréciation du comportement personnel des comptables intéressés. La responsabilité pécuniaire des comptables patents se trouve engagée personnellement et pécuniairement, conformément aux dispositions de l'art. 60-I de la loi 63-156 du 23 févr. 1963, tant à raison de l'exécution des recettes et des dépenses que du fait des contrôles qu'ils doivent opérer. Il s'agit là d'une présomption légale de responsabilité fondée sur des éléments de caractère objectif qui ne conduisent pas à porter un jugement sur le comportement personnel du comptable. En effet, comme le précise l'art. 60-IV de la même loi, la responsabilité pécuniaire des comptables ainsi définie « se trouve engagée dès lors qu'un déficit ou un manquement en deniers ou en valeurs a été constaté, qu'une recette n'a pas été recouvrée, qu'une dépense a été irrégulièrement payée ou que, par la faute du comptable public, l'organisme public a dû procéder à l'indemnisation d'un autre organisme public ou d'un tiers ». Il n'est donc pas nécessaire que le dysfonctionnement comptable ait eu une incidence sur la situation patrimoniale de la personne publique, l'engagement de la responsabilité personnelle et pécuniaire du comptable n'ayant pas pour objet de réparer le dommage subi par la collectivité mais de sanctionner l'inobservation des contrôles qui s'imposent à lui.

En matière de *recettes*, la responsabilité des comptables commence avec la prise en charge des ordres de recettes ; ils doivent notamment rappeler les ordonnateurs à exercer leurs prérogatives dans la mesure où ils ont connaissance des créances que la personne publique aurait à faire valoir. Ils contrôlent l'ordre de recette (notamment son fondement légal) et doivent en assurer le recouvrement en faisant toutes les « diligences » nécessaires.

Pour les *dépenses*, la responsabilité du comptable est engagée du seul fait d'un paiement irrégulier, indépendamment des efforts faits pour recouvrer ultérieurement les sommes payées à tort. Le comptable doit ainsi s'assurer de la compétence et de la qualité de l'ordonnateur ainsi que du caractère public de la dépense. Il vérifie l'exacte imputation des dépenses, la réalité du service fait et la régularité de la liquidation. Le juge s'assurera en particulier que les paiements sont bien justifiés par l'ensemble des pièces prévues notamment par les différentes nomenclatures.

Si la procédure devant la Cour des comptes reste en principe secrète, cette règle est néanmoins appelée à évoluer dans la mesure où la Cour européenne des droits de l'homme a considéré (arrêt *Martinie* du 12 avril 2006) que lorsqu'elle jugeait les comptes d'un comptable public (en l'occurrence, l'agent comptable d'un établissement d'enseignement), la Cour des comptes se prononçait sur une contestation portant sur des droits et obligations à caractère civil. Le principe de publicité de l'audience devrait donc logiquement s'imposer, sauf si le comptable y renonce.

Comme devant les autres juridictions administratives, la *procédure devant la Cour est essentiellement écrite*, même si des auditions peuvent être diligentées, soit à la demande de la Cour, soit, dans certaines procédures particulières, à la demande de l'intéressé. Toutefois, le principe du contradictoire, proclamé par l'art. L. 140-7 CJF, est essentiellement mis en œuvre par une méthode de jugement objective et le respect scrupuleux de la règle du double arrêt.

La procédure devant la Cour est objective. En effet, la Cour juge les comptes et non les comptables (art. L. 111-1 CJF). Les comptes et les pièces justificatives qui les accompagnent sont examinés par un rapporteur désigné par le président de la chambre compétente. Des questionnaires sont adressés aux comptables et aux services contrôlés. Le rapporteur peut également réaliser des enquêtes sur place. Tous les éléments de l'instruction sont consignés dans un document écrit qui contient des propositions.

Le rapporteur établit donc son rapport au vu des pièces qui lui ont été communiquées ou qu'il a obtenues lors de son enquête ; ainsi, il reste libre de déterminer le nombre de pièces nécessaires à son examen. Il réalise donc une étude du compte en vérifiant simplement si les règles de la comptabilité publique ont bien été observées.

Une fois le rapport établi, il est transmis au parquet de la Cour afin que celui-ci puisse rendre ses conclusions. Par la suite, le même travail d'instruction est réalisé par un conseiller-maître qui établit un contre-rapport contenant lui aussi des observations. La formation de jugement se prononcera sur toutes les propositions du rapport et du contre-rapport.

La procédure devant la Cour est déterminée par la règle du double arrêt (art. L. 140-7, al. 3 CJF). Si le compte est régulier, la formation de jugement peut prononcer un arrêt de décharge lorsque le comptable poursuit son activité ou un arrêt de quitus si le comptable soumet pour la dernière fois ses comptes à la Cour. Le quitus lui permettra d'obtenir la levée des garanties qu'il avait constituées.

En revanche, si le compte est irrégulier et en déficit, la Cour rendra tout d'abord un arrêt provisoire indiquant au comptable, par des injonctions, les irrégularités relevées. Le comptable doit normalement, dans le délai de 2 mois, fournir les justifications complémentaires qui vont permettre à la Cour de se faire une opinion définitive. Il peut aussi reverser la somme manquante. La Cour prononcera un second arrêt, définitif cette fois. Un arrêt de décharge ou de quitus selon le cas, si elle est satisfaite des explications ou si le comptable a procédé au reversement. Un arrêt de débet dans les autres cas.

À noter enfin qu'en s'appuyant notamment sur ces contrôles, la Cour devra désormais **certifier la régularité, la sincérité et la fidélité des comptes de l'État.** Cette certification est annexée au projet de loi de règlement et accompagnée du compte rendu des vérifications opérées.

B - Les contrôles non juridictionnels de la Cour des comptes

Au-delà de sa mission de juge des comptes des comptables publics, la Cour des comptes exerce également une très importante mission non juridictionnelle qui s'exerce en matière de contrôle de la gestion (A) et dans le cadre de sa mission d'assistance au Parlement et au gouvernement (B).

1. Le contrôle de la gestion

Si la Cour est incompétente pour juger les ordonnateurs, elle a connaissance de toutes leurs opérations à travers les pièces qui sont produites par les comptables à l'appui de leurs comptes. Puisque les ordonnateurs disposent de l'opportunité de la dépense, il est apparu nécessaire de contrôler la justesse de leurs choix autant que la légalité de leurs décisions, ce que permettent depuis 1982 les dispositions de l'art. 111-3 CJF. La Cour ne pouvant en aucun cas vérifier la totalité des recettes et des dépenses de l'État, elle détermine chaque année les ministères ou services, missions, programmes ou comptes qu'elle contrôlera. Conformément à ce plan de charge, les comptabilités administratives sont réparties entre les chambres suivant les ministères ou les services qui relèvent de leur compétence. L'instruction est faite par des conseillers-maîtres, des conseillers référendaires ou des auditeurs.

Le rapport d'instruction, qui étudie le fonctionnement du ministère, établissement ou service contrôlé quant à l'emploi des autorisations budgétaires, porte principalement sur la gestion des ordonnateurs qui sont seuls habilités à prendre l'initiative de ces opérations. La Cour n'ayant pas compétence pour prononcer quelque décision que ce soit à l'encontre des ordonnateurs, le rapport se terminera non par des propositions de décision mais par des *propositions de communications,* aux autorités administratives intéressées, relatives aux erreurs et irrégularités décelées.

Le rapport est ensuite présenté à la chambre ou à une autre formation collégiale qui délibère dans les formes prévues pour le jugement des comptes patents, exception faite de la règle du double arrêt qui ne trouve pas d'utilité ici puisque la Cour ne pourra rien décider vis-à-vis des ordonnateurs. Pourtant, dans la mesure où le rapport conclut à la nécessité de communication aux autorités administratives, un extrait de celui-ci, ne comprenant pas les opinions et propositions du rapporteur, peut être communiqué à ces administrations pour qu'elles s'expliquent. La chambre peut même élaborer une liste de questions auxquelles l'administration est invitée à répondre, éventuellement lors d'une audience. La Cour peut alors statuer définitivement et décider des communications aux administrations, des renvois aux rapporteurs des comptes des comptables patents ou du renvoi des auteurs d'infraction devant la CDBF.

Dans le même esprit, la Cour contrôle encore les organismes sociaux, les organismes bénéficiant de concours financiers publics ou faisant appel à la générosité publique ainsi que les entreprises publiques.

Les contrôles non juridictionnels auxquels se livre la Cour des comptes peuvent déboucher à la fois sur des observations qu'elle adresse aux administrateurs (lettres adressées par les présidents de chambre aux autorités compétentes ; « notes au parquet » que la Cour adresse au procureur général) ou sur la transmission à d'autres juridictions d'éléments susceptibles de déclencher leur office (« notes du parquet » référés adressés par la Cour aux ministres concernés ; saisine de la Cour de discipline budgétaire et financière).

2. La mission d'assistance de la Cour des comptes

Si, depuis 1958, l'art. 47 C. prévoit que « la Cour des comptes assiste le Parlement et le Gouvernement dans le contrôle de l'exécution des lois de finances », ce n'est qu'avec les dispositions de l'art. 58 de la LOLF que cette mission a été véritablement précisée d'une part en élevant au niveau organique les relations entre la Cour et les commissions des finances des assemblées parlementaires et, d'autre part, en augmentant sensiblement les rapports que la Cour doit fournir à l'appui des différents débats budgétaires.

a. Les relations entre la Cour des comptes et les commissions parlementaires

Les commissions des finances peuvent demander à la Cour la réalisation d'enquêtes que la juridiction doit mener dans un délai de 8 mois (art. 58-2° LOLF). L'autre procédure (art. 58-1° LOLF) impose à la Cour de répondre aux demandes d'assistance formulées par le président ou le rapporteur général des commissions des finances dans le cadre de leur mission d'évaluation et de contrôle de l'exécution des lois de finances et de toute question relatives aux finances publiques prévues à l'art. 57 LOLF. Il s'agit là en fait d'entériner une pratique déjà en place depuis 1999 dans les relations entre la Cour et la mission d'évaluation et de contrôle de l'Assemblée nationale et, par là même, de l'étendre au Sénat.

b. L'assistance de la Cour au contrôle de l'exécution des lois de finances

Le projet de loi de règlement est accompagné d'un rapport de la Cour des comptes sur l'exécution de la loi de finances (art. 58-4°). Au-delà d'un simple examen de la légalité budgétaire, le rapport devra réaliser une analyse, par mission et par programme de l'exécution des crédits sur le plan de la performance. Il devra donc évaluer non seulement la mise en œuvre des crédits mais également se prononcera sur les objectifs, indicateurs et sur l'adéquation entre les moyens mis en œuvre avec ces objectifs et indicateurs pour déterminer si les objectifs fixés sont en passe d'être atteints. Dans sa présentation, le rapport sur l'exécution de la loi de finances est en fait scindé en deux rapports distincts (rapport sur les comptes de l'État et rapport sur les résultats et la gestion budgétaire).

L'art. 58-3° LOLF prévoit encore que la Cour doit remettre un **rapport préliminaire** relatif aux résultats de l'exécution de l'exercice antérieur conjointement au dépôt du rapport qui servira de base au débat d'orientation budgétaire (art. 48). Enfin, et de manière générale, tout projet de loi de finances (mais en fait seuls sont concernés les projets de loi de finances rectificatives et les projets de loi de règlement) doit être accompagné d'un **rapport sur les mouvements de crédits opérés par voie administrative** et dont la ratification parlementaire est demandée dans le projet (art. 58-6° LOLF).

Il convient enfin de mentionner le **rapport public** « au Président de la République » publié en début d'année (10 février

2005 pour le rapport 2004) qui dénonce les irrégularités ou erreurs dans la gestion publique et qui peut désormais faire l'objet d'un débat au sein des assemblées parlementaires (art. 58 in fine). Par ailleurs, des **rapports thématiques** constituant des fascicules séparés du rapport public sont régulièrement publiés depuis 1991.

III - Le contrôle parlementaire

Outre les moyens classiques du contrôle parlementaire (questions et commissions) il existe des moyens spécifiques au domaine financier permettant aussi bien un contrôle en cours d'exécution budgétaire (A) qu'un contrôle *a posteriori* par la loi de règlement (B).

A - Le contrôle en cours d'exécution

La mise en œuvre de la LOLF a permis d'accroître l'activité des commissions des finances et de consacrer l'existence de la mission de contrôle et d'évaluation.

1. Le contrôle par l'activité des commissions des finances

Le législateur organique a pris soin de renforcer un contrôle « continu », c'est-à-dire pendant l'exécution budgétaire, reposant, pour l'essentiel, sur l'activité des commissions des finances. Le contrôle doit pouvoir s'effectuer par le biais des évaluations des politiques publiques réalisées tout au long de l'année notamment à partir de contrôles opérés sur pièce et sur place et des auditions. Dans le cadre de ces contrôles, les rapporteurs spéciaux sont appelés à devenir, au-delà de leur mission de rapporteurs d'une mission spécifique, des contrôleurs permanents d'une politique publique, de sa mise en œuvre, de la gestion des crédits et des résultats atteints. La LO du 12 juill. 2005 a en outre prévu la désignation obligatoire d'un ou plusieurs membres de la Commission des finances pour exercer cette mission de contrôle et d'évaluation pour un objet et une durée déterminés.

L'art. 164 de l'ordonnance no 58-1374 du 30 décembre 1958 portant loi de finances pour 1959 précise que les rapporteurs spéciaux disposent, de façon permanente, de pouvoirs de contrôle sur pièces et sur place pour suivre l'emploi des crédits du budget ministériel dont ils ont la charge. En outre, l'art. 57 de la LOLF précise les pouvoirs des membres des commissions des finances qui sont assortis de la possibilité de déclencher une procédure de référé en cas de difficulté (art. 59 LOLF). Les commissions des finances suivent et contrôlent l'exécution des lois de finances et procèdent à l'évaluation de toute question relative aux finances publiques. Cette mission est confiée à leur président, à leur rapporteur général ainsi que, dans leurs domaines d'attributions, à leurs rapporteurs spéciaux.

2. La mission de contrôle et d'évaluation

Les art. 59 et 60 de la LOLF, sans pour autant institutionnaliser l'ancienne mission d'évaluation et de contrôle (MEC), consacrent l'existence de cette mission de contrôle et d'évaluation en lui conférant de vraies possibilités d'accès à l'information (au besoin par la voie du référé) et en fixant au gouvernement un délai de deux mois pour répondre aux observations formulées.

L'art. 58-1° de la LOLF prévoit en outre l'obligation pour la Cour des comptes de répondre aux demandes d'assistance formulées par le président et le rapporteur général de la Commission des finances dans le cadre des missions de contrôle et d'évaluation *(cf. supra)*.

Les commissions des finances n'ont pas tardé à mettre en œuvre ces nouvelles dispositions, s'intéressant par exemple aux organismes publics d'évaluation, à la redevance audiovisuelle, à la journée d'appel et de préparation à la défense citoyenne, à l'utilisation des crédits de la mission de lutte contre la drogue et la toxicomanie ou aux moyens informatiques de l'administration.

B - La loi de règlement

Le contrôle *a posteriori* se réalise grâce à la *loi de règlement* qui arrête le montant définitif non seulement des recettes et des dépenses du budget auquel elle se rapporte (ainsi que le résultat budgétaire qui en découle), mais également celui des ressources et des charges de trésorerie ayant concouru à la réalisation de l'équilibre financier de l'année correspondante, présenté dans un tableau de financement (art. 37 LOLF).

En outre, la loi de règlement approuve le compte de résultat de l'exercice, établi à partir des ressources et des charges constatées. Enfin, elle approuve le bilan après affectation du résultat comptable de l'exercice. Le projet de LR est d'ailleurs accompagné du compte général de l'État, qui comprend la balance générale des comptes, le compte de résultat, le bilan et ses annexes, et une évaluation des engagements hors bilan de l'État. Il est assorti d'un rapport de présentation, qui indique notamment les changements des méthodes et des règles comptables appliqués au cours de l'exercice.

Outre le fait que la LR ratifie les modifications apportées par décret d'avance, elle ouvre, pour chaque programme ou dotation concerné, les crédits nécessaires pour régulariser les dépassements constatés résultant de circonstances de force majeure (mise en œuvre des crédits évaluatifs) dûment justifiées (exposé des motifs précédant les articles dits de crédits) et procède à l'annulation des crédits n'ayant été ni consommés ni reportés. S'agissant des comptes spéciaux, la LR procédera, le cas échéant, à la majoration du montant du découvert autorisé au niveau du découvert constaté, arrêtera les soldes des comptes spéciaux non reportés sur l'exercice suivant et apurera les profits et pertes survenus sur chaque compte spécial.

Enfin, l'art. 37-V prévoit que la LR *peut* également comporter toutes dispositions relatives à l'information et au contrôle du Parlement sur la gestion des finances publiques, ainsi qu'à la comptabilité de l'État et au régime de la responsabilité pécuniaire des agents des services publics.

L'effort de revalorisation se manifeste par l'énumération des *documents devant accompagner le projet de LR* (art. 54 LOLF). Le législateur organique, fort de sa logique d'évaluation, a ainsi prévu qu'à chaque document de prévision doit correspondre un document d'exécution présenté selon les mêmes règles. C'est tout particulièrement le cas des annexes explicatives (art. 54-2°) développant, par programme ou par dotation, le montant définitif des crédits ouverts et des dépenses constatées, en indiquant les écarts avec la présentation par titre des crédits ouverts, et les modifications de crédits demandées ainsi que l'écart entre les estimations et les réalisations au titre des fonds de concours. Le projet de LR sera également accompagné (art. 54-4° et 5°) des *rapports annuels de performances* (qui remplaceront les comptes rendus de gestion budgétaire introduits en 1999), faisant connaître notamment les objectifs, les résultats attendus et obtenus, la justification, pour chaque titre, des mouvements de crédits et des dépenses constatées ainsi que la gestion des autorisations d'emplois.

Enfin, la LR devient un élément du *débat budgétaire sur la LF de l'année.* En effet, l'art. 46 indique que le projet de LR, y compris les documents annexés, est déposé et distribué avant le 1er juin de l'année suivant celle de l'exécution du budget auquel il se rapporte. Bien plus, l'art. 41 prévoit que le projet de LF de l'année ne peut être mis en discussion devant une assemblée avant le vote par celle-ci, en première lecture, sur le projet de LR afférent à l'année qui précède celle de la discussion dudit projet de loi de finances. Ainsi, les parlementaires pourront-ils disposer d'une information complète sur les conditions d'exécution du budget n - 1 au moment d'aborder la discussion du budget n + 1.

Section 2
Les sanctions envers les agents d'exécution

Les sanctions sont applicables aux deux catégories d'agents concernés, à savoir les comptables (I) et les ordonnateurs (II).

I - Les sanctions applicables aux comptables

Les comptables sont des fonctionnaires qui, de tout temps, ont été responsables des irrégularités de gestion qu'ils commettent. Il convient de déterminer précisément l'étendue de cette responsabilité (A), avant de décrire les garanties prises pour s'assurer qu'ils pourront éventuellement rembourser l'État (B).

A - L'étendue de la responsabilité des comptables

Tout comptable public est personnellement responsable de sa gestion, c'est-à-dire qu'il est tenu de rembourser à l'État, sur ses deniers personnels, les sommes qu'il aurait négligé de recouvrer ou qu'il aurait payées indûment.

Au surplus, les comptables sont également responsables des actes des comptables subordonnés soumis à leur pouvoir hiérarchique. Il en va de même des fautes de leurs prédécesseurs à moins qu'ils n'aient, dans les six mois de leur prise de fonction, formulé par écrit des réserves précises sur la gestion de ceux à qui ils ont succédé.

Ils ne peuvent se dégager de leur responsabilité qu'en prouvant que leur faute de service leur a été imposée par un comptable hiérarchiquement supérieur (dont la responsabilité se substitue alors à la leur) ou par la force majeure. Il en va de même en cas de réquisition *(supra)*.

Le comptable est tenu de réparer les conséquences dommageables dans tous les cas où sa responsabilité peut ainsi être mise en cause, soit par une autorité administrative, soit par le juge des comptes. C'est ce que l'on appelle la mise en débet qui peut donc résulter d'un arrêté de débet pris généralement par le ministre des Finances ou d'un arrêt de débet rendu par le juge des comptes.

Le comptable a la possibilité, dans l'un et l'autre cas de demander au ministre une remise gracieuse qui le décharge de tout ou partie de sa dette. Cette décision dépend du seul ministre des Finances. La remise gracieuse est un acte discrétionnaire insusceptible de recours.

B - Les garanties de la responsabilité des comptables

Outre la garantie morale qui prend la forme du serment prêté par le comptable devant la Cour des comptes au moment de son entrée en fonction, diverses garanties sont prises pour s'assurer qu'en cas de mise en débet, le comptable soit en état d'assurer le paiement.

Afin de s'assurer que le comptable sera en mesure de faire face à une éventuelle mise en débet, il est soumis à l'obligation de cautionnement. Depuis la loi du 26 décembre 1908, celui-ci peut prendre deux formes. En premier lieu, et c'est la solution la plus ancienne, le comptable peut constituer directement son cautionnement en espèce, en valeurs ou en rente sur l'État et le déposer au Trésor public. Il le récupérera à sa cessation d'activité, une fois l'arrêt de quitus rendu, ou après que le directeur de la comptabilité publique lui a délivré un certificat définitif de libération. Ce mécanisme, lorsqu'il était le seul en vigueur, ne permettait qu'à certaines catégories sociales aisées d'accéder à la carrière de comptable.

En second lieu, il lui est possible d'adhérer à l'Association française de cautionnement mutuel (70 000 adhérents environ) qui, moyennant le versement d'une prime proportionnelle aux fonds gérés, apporte au comptable la caution solidaire de tous les membres de l'Association.

Craignant que le cautionnement ne soit insuffisant, le Trésor a pris sur les biens des comptables diverses garanties. Il s'agit tout d'abord d'une hypothèque légale qui grève tous les biens immeubles du comptable quels que soient leur mode et leur date d'acquisition. Ceci concerne même les biens immobiliers appartenant au conjoint du comptable, même séparé de biens, dès lors qu'ils ont été acquis après le mariage à titre onéreux.

Enfin une sûreté grève tous les biens meubles du comptable ou de son conjoint même séparé de biens.

II - Les sanctions applicables aux ordonnateurs

À côté de sanctions traditionnelles (A), les ordonnateurs relèvent d'une juridiction spécialisée, la Cour de discipline budgétaire et financière (B).

A - Les sanctions traditionnelles

La responsabilité civile des ordonnateurs consiste à les faire condamner à réparer pécuniairement la faute commise sur le fondement des articles 1382 et s. du Code civil. Pourtant, ce régime est relativement inefficace car il est peu vraisemblable qu'un patrimoine privé puisse assurer réparation du préjudice dont on suppose qu'il est important.

La responsabilité politique ne concerne, pour les dépenses de l'État, que les seuls ministres. Elle peut théoriquement se traduire par la révocation du ministre ou le vote d'une motion de censure.

La responsabilité pénale peut être mise en jeu, tant à l'égard des ministres, que des fonctionnaires. Le nouveau Code pénal (art. 432-1 s.) a notablement élargi les infractions susceptibles d'être reprochées aux « dépositaires de l'autorité publique » en mettant en place un véritable arsenal répressif et notamment dans le domaine spécifique des finances publiques : concussion active (recevoir, exiger ou ordonner de percevoir illégalement des taxes ou impôts non dus) ou passive (vendre ou monnayer des exonérations illégales), prise illégale d'intérêts (ancienne ingérence), soustraction et détournement de fonds publics (expressément visés par l'art. 432-15). S'y ajoute le fait de s'opposer d'une façon quelconque aux investigations des magistrats financiers, réprimé par les articles L. 140-1 et L. 241-1 du Code des juridictions financières.

C'est aux juridictions répressives ordinaires et, pour les ministres, à la Cour de justice de la République (succédant en cela depuis le 27 juill. 1993 à la Haute Cour de justice), qu'il appartient de statuer sur ces infractions et de prononcer les éventuelles sanctions pénales. Toutefois, pour ce qui concerne les ministres, cette responsabilité apparaît plus théorique que réelle. Si aucune procédure devant la Haute Cour de justice n'a jamais abouti, il y a actuellement une affaire pendante devant la Cour de justice de la République concernant M. Gilibert (ancien secrétaire d'État chargé des handicapés), mis en examen pour abus de confiance et falsification de chèques en novembre 1994.

Les poursuites disciplinaires ne peuvent évidemment être entreprises que contre des agents publics (ce qui exclut donc les ministres). Prévue par les différents statuts de la fonction publique, cette responsabilité permet à l'autorité hiérarchique de prononcer une sanction non pécuniaire contre un agent qui aurait commis une faute de service. Bien que cette possibilité soit constamment réaffirmée, et que la Cour de discipline budgétaire et financière puisse obliger à sa mise en œuvre (loi du 13 juill. 1971), il est là aussi douteux qu'elle puisse être réellement efficace.

Devant le peu d'efficacité de ces sanctions classiques, le législateur a mis en place une juridiction spécialisée.

B - Les sanctions prononcées par la Cour de discipline budgétaire et financière

La Cour de discipline budgétaire et financière (CDBF) est une juridiction spécialisée chargée de réprimer les infractions aux règles du droit budgétaire et comptable et les fautes de gestion commises par les gestionnaires publics. Le législateur a voulu permettre le prononcé de sanctions réalistes mais néanmoins suffisamment sévères pour être dissuasives.

Créée par la loi du 25 septembre 1948, son organisation et son fonctionnement font aujourd'hui l'objet du livre III du Code des juridictions financières; elle est composée à parité de membres de la Cour des comptes et du Conseil d'État (art. L. 311-2 CJF) et le ministère public y est exercé par le procureur général près la Cour des comptes (art. L. 311-4 CJF).

Les *personnes justiciables* de la Cour sont les gestionnaires publics entendus au sens large. En effet, elle est compétente à l'égard de toute personne appartenant au cabinet d'un membre du gouvernement, tout fonctionnaire ou agent civil ou militaire de l'État, des collectivités territoriales, de leurs établissements publics ainsi que des groupements des collectivités territoriales et de tout représentant, administrateur ou agent des autres organismes qui sont soumis soit au contrôle de la Cour des comptes, soit au contrôle d'une chambre régionale des comptes. Sont également justiciables de la Cour tous ceux qui exercent, en fait, les fonctions des personnes désignées ci-dessus. Hélas, sont exclus de sa juridiction les responsables politiques dans l'exercice de leurs fonctions ou mandats (membres du gouvernement, maires, présidents de conseils généraux ou régionaux, etc.).

Les *faits justiciables* (art. L. 313-1 s. CJF) sont les infractions aux règles de la comptabilité publique ou aux règles de gestion des biens, y compris en matière de passation des marchés publics. Si l'essentiel de la jurisprudence de la CDBF est relatif aux infractions aux règles d'exécution des dépenses et des recettes publiques, s'agissant d'entreprises publiques ou d'organismes de droit privé soumis au contrôle de la Cour des comptes, la notion de recettes et de dépenses doit être entendue, en dehors de toute référence aux règles de la comptabilité publique, en fonction des activités propres de ces organismes ; elle n'hésite pas, ainsi, à sanctionner la violation de simples « usages prudentiels », notamment dans le secteur bancaire. S'y ajoutent enfin depuis 1980, les manquements aux règles relatives à l'engagement et à l'ordonnancement des dépenses résultant d'une décision juridictionnelle condamnant la puissance publique.

La Cour peut être saisie (art. L. 314-1 CJF) par les présidents de l'une ou l'autre assemblée, par le Premier ministre, le ministre des Finances et les ministres (pour les fonctionnaires relevant de leur département), ainsi que par la Cour des comptes, son parquet et les chambres régionales des comptes. Depuis la loi de 1980 relative aux astreintes administratives et à l'exécution des décisions de justice, les créanciers de l'État peuvent saisir la Cour par l'intermédiaire de son ministère public. En pratique, la quasi totalité des arrêts rendus par la CDBF l'ont été sur saisine de la Cour des comptes ou de son parquet. Les décisions qu'elle rend sont susceptibles d'un pourvoi en cassation devant le Conseil d'État (art. L. 315-2 CJF).

Les sanctions (art. L. 313-1 et s. CJF) qui peuvent être prononcées par la Cour vont de 150 % jusqu'à un maximum égal au double du traitement ou du salaire annuel brut de l'intéressé. On constate à cet égard que la CDBF n'hésite plus à prononcer des sanctions d'un montant élevé dès lors que les irrégularités constatées ont entraîné un préjudice important à l'organisme en cause.

Le bilan de l'activité de la Cour est relativement faible : elle a jugé peu d'affaires depuis sa création et prononcé encore moins de condamnations. Son rôle est toutefois appelé à évoluer en raison de la mise en application de la LOLF et de la nécessité de prévoir un véritable système de responsabilité pour les nouveaux gestionnaires de crédits.

Lire aussi

- Barilari A., *Les contrôles financiers, comptables, administratifs et juridictionnels des finances publiques,* LGDJ, coll. « Systèmes », 2003 ; « Quelques réflexions sur le contrôle des fonds publics », Rev. Trésor 2003. 83 ; « La nouvelle gouvernance financière de l'État et l'évolution des dispositifs de contrôle », *Rev. Trésor,* 2005. 275
- Caumeil, « Contrôle comptable et contrôle interne comptable dans le cadre de la loi organique sur les lois de finances », *Rev. Trésor,* 2006. 99 et 177
- Collectif, *La Cour des comptes,* CNRS, 1984
- Descheemaeker C., *La Cour des comptes,* La Documentation française, 3e éd., 2005
- Fabre F.-J., Froment-Meurice A., *Les grands arrêts de la jurisprudence financière,* Dalloz, 4e éd., 1995
- Lascombe M., Vandendriessche X., Code des juridictions financières annoté, Code administratif Dalloz, 2007 ; « Chronique de jurisprudence financière », *La Revue du Trésor;* « La LOLF et la nécessaire refonte de la responsabilité des ordonnateurs et des comptables », *RFDA*, 2004. 398 ; « La LOLF et le contrôle des finances publiques », *RFAP,* 2006 n° 117 p. 131 ; « La Cour des comptes », *Répertoire Dalloz de Contentieux administratif,* 2006
- Pellet R., *La Cour des comptes,* La Découverte, 1998

Chapitre VIII

Particularités du droit financier des collectivités territoriales

Les finances des collectivités territoriales sont, par principe, régies par les règles et principes qui gouvernent le budget de l'État. Si la révision constitutionnelle du 28 mars 2003 (art. 72-2 C.) a consacré l'autonomie financière des collectivités territoriales (sect. 1), celle-ci reste encore réduite, tant du point de vue du cadre budgétaire des collectivités territoriales (sect. 2) que de leurs opérations budgétaires (sect. 3).

Section 1

La consécration constitutionnelle de l'autonomie financière des collectivités territoriales

La loi constitutionnelle du 28 mars 2003 a constitutionnalisé le principe d'autonomie financière des collectivités territoriales qui bénéficient de ressources dont elles peuvent disposer librement dans les conditions fixées par la loi. Elles peuvent recevoir tout ou partie du produit des impositions de toutes natures. La loi peut les autoriser à en fixer l'assiette et le taux dans les limites qu'elle détermine.

Lorsqu'il transfère aux collectivités territoriales des compétences auparavant exercées par l'État, le législateur est tenu de leur attribuer des ressources correspondant aux charges constatées à la date du transfert (Cons. const. n° 2004-509 DC, 13 janv. 2005, § 8 et 9), loi de programmation pour la cohésion sociale. En effet (art. 72-2 al. 4 C.), tout transfert de compétences entre l'État et les collectivités territoriales s'accompagne de l'attribution de ressources équivalentes à celles qui étaient consacrées à leur exercice.

La Constitution dispose encore que la loi prévoit des dispositifs de péréquation destinés à favoriser l'égalité entre les collectivités territoriales. Cette disposition a pour but de concilier le principe de liberté avec celui d'égalité par l'instauration de mécanismes de péréquation financière mais n'impose pas que chaque type de ressources fasse l'objet d'une péréquation (Cons. const. n° 2003-474 DC, 17 juill. 2003, § 18), loi programme pour l'outre-mer : *JO* 22 juill., p. 11203. Le législateur peut ainsi prélever sur les ressources fiscales d'une collectivité territoriale dans le but d'accroître les ressources d'autres collectivités territoriales sans entraver la libre administration des collectivités territoriales concernées.

Enfin, de manière assez laconique, l'art. 72-2 al. 3 prévoit que les recettes fiscales et les autres ressources propres des collectivités territoriales représentent, pour chaque catégorie de collectivités, une part déterminante de l'ensemble de leurs ressources. La loi organique fixe les conditions dans lesquelles cette règle est mise en œuvre. Le Conseil constitutionnel a considéré que les recettes fiscales qui entrent dans la catégorie des ressources propres des collectivités territoriales s'entendent du produit des impositions de toutes natures non seulement lorsque la loi autorise ces collectivités à en fixer l'assiette, le taux ou le tarif, mais encore lorsqu'elle en détermine, par collectivité, le taux ou une part locale d'assiette (Cons. const. n° 2004-500 DC, 29 juill. 2004, § 10). La notion de « part déterminante » a été définie par référence au seuil minimal correspondant au niveau constaté au titre de l'année 2003.

Toutefois, même si les collectivités territoriales sont des personnes morales distinctes de l'État, leur autonomie est limitée par trois ordres de considération : d'une part, elles ne disposent pas de la possibilité de créer leurs propres recettes mais seulement de fixer le taux des impôts que le législateur les a autorisé à percevoir. L'art. 72-2 al. 2 C. qui prévoit que la loi peut autoriser les collectivités territoriales à fixer l'assiette et le taux des impôts locaux n'a pas encore reçu application. D'autre part, elles se voient imposer des choix en matière de dépenses. Enfin, elles sont soumises, en matière financière, à un contrôle de la légalité qui peut conduire le juge ou le représentant de l'État à intervenir dans leurs décisions financières.

Section 2
Le cadre des actes budgétaires des collectivités territoriales

Le budget des collectivités territoriales s'établit, dans le cadre des grands principes budgétaires (I) et selon une procédure voisine de celle du budget de l'État (II).

I - L'application des principes budgétaires

De façon générale, les principes budgétaires « classiques » font l'objet d'une application adaptée aux collectivités territoriales (A). En revanche, pour le principe d'équilibre, il existe une véritable obligation juridique intangible (B).

A - L'adaptation des principes

Le *principe d'annualité* connaît une première adaptation dans la mesure où la règle de l'antériorité ne s'applique pas aux collectivités territoriales. En effet, la plupart des renseignements nécessaires à l'élaboration des budgets locaux sont contenus dans la LF de l'année. Dès lors, le législateur a fixé au 31 mars de l'année la date extrême de vote du budget local *(cf. infra)*. Ainsi, jusqu'à l'adoption de celui-ci, les collectivités territoriales vont reconduire les dispositions du budget précédent, tout au moins pour les dépenses de fonctionnement. En revanche, le caractère annuel de l'autorisation budgétaire reste pleinement applicable avec le même type d'aménagements que pour le budget de l'État : autorisations de programme (art. 50 loi ATR du 6 févr. 1992 : Communes, art. 2311-3 CGCT; Départements, art. 3312-2 CGCT; Régions, art. 4311-3 CGCT). L'équilibre s'apprécie en tenant compte seulement des crédits de paiement et reports de crédits (de droit pour les crédits d'investissement et possibles pour les crédits de fonctionnement s'ils ont été engagés avant la clôture de l'exercice). Enfin, l'annualité de l'exécution budgétaire (avec le système de la période complémentaire) reste pleinement applicable aux budgets locaux.

Le *principe d'unité* connaît pratiquement les mêmes modalités d'application que pour l'État. Les collectivités territoriales peuvent créer des budgets annexes, dans la mesure où une loi ou un décret autorise à gérer un service suivant cette formule, à moins que ce ne soit pour distinguer le budget d'une commune associée ou un arrondissement de Paris, Lyon ou Marseille. Par ailleurs, le budget annuel des collectivités territoriales (dénommé budget primitif) fait l'objet de modifications en cours d'année dans le cadre d'un budget rectificatif (budget supplémentaire).

Le *principe d'universalité* fait l'objet d'une mise en œuvre différenciée : si la règle du produit brut s'applique de manière rigoureuse, celle de la non-affectation connaît des exceptions plus nombreuses. En effet, certaines recettes fiscales (taxe d'enlèvement des ordures ménagères par ex.) ou des subventions, doivent être affectées. Quant aux recettes tirées des emprunts, elles ne peuvent être utilisées qu'à des dépenses d'investissement.

Le *principe de spécialité* des crédits connaît la même rigueur et des exceptions similaires que pour le budget de l'État. Il existe dans les budgets locaux des crédits pour dépenses imprévues dont l'affectation finale n'est pas déterminée au moment du vote du budget primitif. Au surplus, l'exécutif local peut réaliser des virements à l'intérieur d'un chapitre budgétaire sauf si l'organe délibérant l'a interdit. Les virements entre chapitres sont réservés à la compétence de l'organe délibérant. Enfin, il faut préciser que les crédits affectés ne peuvent pas faire l'objet de virement. En l'état actuel du droit, la spécialité des crédits par objectifs ne concerne pas les collectivités territoriales.

B - La nécessité de l'équilibre budgétaire

Le principe d'équilibre perd ici tout caractère chimérique. Il s'agit en effet pour les collectivités territoriales d'une véritable obligation juridique dont le non-respect entraîne l'intervention du préfet et de la chambre régionale des comptes (CRC). Du reste, il s'agit d'un équilibre réel et non d'un équilibre de présentation lors du vote du budget primitif. Trois règles principales doivent ainsi être respectées : l'équilibre doit être réalisé pour chacune des deux sections composant les budgets locaux *(cf. infra)* ; recettes et dépenses doivent être estimées de façon sincère pour éviter toute surestimation des premières ou sous-estimation des secondes ; enfin, le remboursement de la dette en capital doit être assuré exclusivement par des recettes définitives excluant le recours à l'emprunt pour rembourser les emprunts précédents.

Pour s'assurer du respect de ce principe, le législateur a prévu des procédures qui s'appliquent tant lors du vote que lors de l'exécution du budget.

Dans l'hypothèse où une collectivité locale ne vote pas son budget en équilibre réel, le préfet saisi la CRC dans le délai de 30 jours. La chambre propose, sous 30 jours, à la collectivité concernée, les mesures nécessaires au rétablissement de l'équilibre et demande une nouvelle délibération du budget. Si la collectivité locale ne se soumet pas, la CRC adresse un avis motivé sur le règlement du budget au préfet qui le rend exécutoire par arrêté. Le préfet peut s'écarter des propositions de la chambre à condition de motiver son arrêté.

Dans l'hypothèse où l'exécution d'un budget local dégagerait, lors du vote du compte administratif *(cf. infra)*, un déficit d'une certaine importance (5 % pour les communes de plus de 20 000 hab., les départements et les régions ; 10 % pour les communes de moins de 20 000 hab.), la CRC, saisie par le préfet sans limitation de délai, intervient pour proposer, sous deux mois, les moyens permettant le rétablissement de l'équilibre. D'ailleurs, le budget primitif de l'année suivante sera obligatoirement transmis à la CRC par le préfet. Si la CRC, dans le mois qui suit sa saisine, estime que les mesures prises pour résorber le déficit sont insuffisantes, elle propose au préfet d'arrêter le budget comme dans le cas précédent. Le préfet dispose ici de la possibilité d'accorder aux communes (et non aux autres collectivités) une subvention exceptionnelle de rééquilibrage s'il considère que le déséquilibre est dû à des circonstances anormales. Il s'agit là d'un cas dans lequel le préfet pourra s'écarter des propositions de la chambre. L'existence de cette procédure particulière pour les déséquilibres importants ne signifie pas qu'un déficit léger soit autorisé. Le principe d'équilibre oblige qu'il soit résorbé dans le plus prochain budget.

L'application de l'ensemble des dispositions ci-dessus se fait sous le contrôle du juge de la légalité. En effet, les actes à caractère exécutoire pris dans le cadre de ces procédures sont susceptibles de recours pour excès de pouvoir. Par ailleurs, l'intervention de la juridiction locale des comptes n'interdit pas que toute personne intéressée défère au tribunal administratif une délibération budgétaire violant la règle d'équilibre. Pourtant, on ne pourra soulever le moyen du déséquilibre à l'appui d'un recours que si le préfet n'a pas saisi la CRC dans les délais impartis, laissant ainsi à la juridiction locale des comptes une priorité mais non une exclusivité. En revanche, l'existence de ces procédures spécifiques interdit au préfet l'usage du déféré dans ces matières.

II - L'adoption des budgets locaux

Après avoir déterminé le contenu des différents actes budgétaire locaux (A) nous analyserons la procédure d'adoption applicable (B).

A - La présentation des actes budgétaires locaux

Les actes budgétaires locaux, au nombre de cinq au plus par exercice, se présentent différemment du budget national.

Correspondant à la LF de l'année, le budget primitif est, comme elle, un acte d'autorisation et de prévision.

Il peut être complété, en cours d'année par un ou plusieurs budgets supplémentaires. Ces derniers, quoique facultatifs, sont souvent utilisés pour rectifier les prévisions contenues dans le budget primitif (comme la loi rectificative) mais également pour reprendre le déficit ou l'excédent de l'exercice précédent ainsi que les « restes à réaliser ». C'est la raison pour laquelle le budget supplémentaire est souvent adopté en fin d'année, après le vote du compte administratif. On notera que, si le budget primitif a été réglé par le préfet, le budget supplémentaire sera transmis obligatoirement à la CRC. Ajoutons que des décisions budgétaires modificatives, qui se distinguent du budget supplémentaire par le fait qu'elles n'intègrent pas les résultats de l'exercice précédent, peuvent être également adoptées en cours d'année.

Le compte administratif correspond à la loi de règlement. Il retrace les opérations réalisées durant l'année budgétaire ainsi que les recettes non encore encaissées et les dépenses non encore mandatées à la clôture (restes à réaliser). Il doit être approuvé avant le 30 juin de l'année qui suit l'année d'exécution. Il est soumis à l'organe délibérant, hors la présence de l'ordonnateur, et il est considéré comme adopté si une majorité ne se prononce pas contre. Il est accompagné du compte de gestion, établi par le comptable, avec lequel il doit coïncider. Le compte de gestion est lui aussi approuvé par l'organe délibérant et transmis, aux fins de contrôle, à la CRC ou au TPG pour les petites communes.

Les actes budgétaires locaux sont tous divisés en deux sections. La section de fonctionnement regroupe les dépenses qui reviennent annuellement (personnel, fournitures…) et connaît en recette tout ou partie des ressources régulières et définitives qui ne sont pas spécifiquement affectées à la section d'investissement *(cf. infra)*. La section d'investissement traduit les dépenses non annuellement renouvelables qui entraînent une augmentation du patrimoine de la collectivité. Elle connaît en recette les ressources définitives qui lui sont spécifiquement affectées, les ressources tirées de l'emprunt ainsi que les transferts de la section de fonctionnement, bien que les deux sections constituent en principe des ensembles séparés. Cette procédure permettra notamment un autofinancement des investissements à réaliser ou le remboursement plus rapide de la dette.

Chaque section est ensuite divisée en chapitres qui constituent l'unité de spécialisation budgétaire de principe. Cependant dans les communes de 3500 à 10000 habitants, le vote est réalisé par nature de dépense.

B - La procédure d'adoption des budgets locaux

À la procédure normale d'adoption du budget s'ajoutent des procédures exceptionnelles que la loi prévoit expressément.

Comme pour les finances de l'État, c'est l'exécutif local qui élabore le budget (avec l'aide du receveur-percepteur dans les petites communes). Le budget peut être examiné en Commission des finances mais cela n'est pas obligatoire. Les budgets des communes de plus de 3500 habitants et des départements sont examinés par les assemblées délibérantes après qu'un débat sur les orientations budgétaires soit intervenu dans les deux mois précédents l'examen du budget. Pour le budget régional, outre ce débat, le budget doit également être soumis préalablement pour avis au conseil économique et social de région pour qu'il se prononce sur les orientations générales du budget. Enfin, pour les départements et régions, les documents budgétaires, accompagnés pour la région de l'avis du CESR, doivent avoir été communiqués aux conseillers 12 jours au moins avant l'ouverture de la première réunion du conseil consacrée à son examen.

C'est l'assemblée délibérante de la collectivité qui adopte le budget et ce, au plus tard le 31 mars de l'année en cours. Contrairement aux parlementaires, pour qui les possibilités d'amendement sont réduites (art. C. 40), les conseillers peuvent plus facilement modifier le texte qui leur est présenté. Recettes et dépenses peuvent être revues à la hausse ou à la baisse ; des recettes et des dépenses peuvent être créées sauf si elles sont interdites ; des recettes et des dépenses peuvent être supprimées sauf si elles sont obligatoires. Le vote est acquis à la majorité absolue des suffrages exprimés et le budget entre en application après avoir été reçu en préfecture où il est transmis au plus tard le 15 avril. Cette transmission permet l'exercice du contrôle de l'équilibre réel. Cette date limite peut néanmoins être reculée dans trois hypothèses :

Lorsque la collectivité locale n'a pas reçu les éléments nécessaires à l'élaboration de son budget en temps utile, la transmission s'effectue dans les 15 jours après réception de ces documents.

L'année de renouvellement de l'assemblée délibérante, la date limite est fixée au 15 avril.

Enfin, si le budget de l'exercice précédent à été réglé et rendu exécutoire par le préfet, la date limite est reportée au 1er juin ou au 15 juin s'il y a renouvellement du conseil. On considère en effet qu'il est nécessaire que le compte administratif soit voté avant le budget.

En toute hypothèse, ces règles ne s'appliquent pas aux collectivités qui viennent d'être créées puisqu'elles disposent d'un délai de trois mois après leur naissance pour adopter leur budget.

Si le budget n'est pas voté en temps utile, le préfet saisit la CRC sans être soumis à aucun délai. Cette saisine interdit à la collectivité d'adopter tout budget. Dans le mois de sa saisine, la CRC formule des propositions à l'intention du préfet dont il ne pourra s'écarter que par arrêté motivé. Ainsi arrêté, le budget est transmis à la CRC et à la collectivité concernée pour application.

Une procédure similaire faisant intervenir à la fois le préfet et la CRC se rencontre également quand le budget n'est pas voté en équilibre réel, quand le compte administratif fait apparaître un large déficit de l'exécution du budget de l'exercice précédent *(cf. supra)* et dans l'hypothèse du refus d'inscription d'une dépense obligatoire *(cf. infra)*.

On notera enfin que la procédure d'adoption d'un éventuel budget supplémentaire est identique, sous réserve qu'aucun délai ne soit fixé pour le vote.

III - L'exécution et le contrôle du budget

L'exécution des budgets locaux est régie par le droit de la comptabilité publique et tout particulièrement par le principe de séparation des ordonnateurs et des comptables. Le comptable, à la fois caissier et payeur, exerce une fonction de contrôle sur les décisions de l'ordonnateur, en particulier en matière de dépenses. Quant à l'ordonnateur, il est soumis au contrôle éventuel de l'inspection générale des finances ou, plus fréquemment, de l'inspection générale des services administratifs du ministère de l'Intérieur. Toutefois, à la différence des règles applicables au budget de l'État, il n'existe pas pour les collectivités territoriales de contrôle financier au moment de l'engagement ou du mandatement de la dépense.

Le contrôle politique s'exerce de manière très voisine de celui opéré par le Parlement lors de l'adoption de la loi de règlement, à l'occasion de l'examen par l'assemblée délibérante du compte administratif présenté par l'exécutif local. Un rejet du compte entraînerait inévitablement une crise politique qui ne pourrait parfois trouver de solution que dans la dissolution de l'organe délibérant et l'organisation de nouvelles élections.

Quant au contrôle juridictionnel, il s'exerce devant les juridictions civiles, répressives et disciplinaires. Toutefois, la spécificité essentielle en matière de contrôle de l'exécution des budgets locaux apparaît dans le rôle joué par les juridictions financières.

Les CRC jugent les comptes des comptables locaux, patents ou de fait à l'exception des comptables des communes de moins de 2000 habitants dont les recettes ordinaires sont inférieures à 750000 €. Toutefois, si ces comptes sont directement réglés par le TPG, la CRC peut retrouver sa compétence dans deux hypothèses : soit, après évocation, pour réformer les arrêtés de décharges pris par le TPG, soit si la mise en débet du comptable est nécessaire. Les comptes, transmis à l'ordonnateur début juin, doivent être adoptés par la collectivité avant le 30 et transmis à la CRC avant la fin de l'année. La mise en état d'examen est réalisée par le TPG puis l'instance devant la CRC se déroule selon une procédure inquisitoriale voisine de celle de la Cour des comptes pour les comptables de l'État. La formation de jugement rend sa décision appliquant, si besoin est, la règle du double arrêt. Les CRC statuent en premier ressort et leurs jugements sont susceptibles d'appel devant la Cour des comptes.

Mais les CRC exercent également des compétences à l'égard des ordonnateurs. D'une part, elles pourront par une décision juridictionnelle, les déclarer comptables de fait. D'autre part, mais cette fois par des décisions non juridictionnelles, elles pourront s'assurer de l'emploi régulier des crédits en réalisant de véritables audits menés d'office, selon un programme pluriannuel, ou sur demande motivée du préfet. L'ordonnateur est informé de l'ouverture de l'instruction et il est entendu si des observations sur sa gestion peuvent être formulées. Bien que le délibéré ne soit pas public, les rapports d'observation sont transmis à l'ordonnateur, aux fins de réponse éventuelle, afin de respecter le caractère contradictoire de la procédure. Les rapports d'observation définitives, qui peuvent dénoncer les erreurs de gestion, coûts excessifs ou inexpliqués, sont communiqués au préfet et à l'assemblée délibérante de la collectivité pour être inscrits à l'ordre du jour de sa plus prochaine réunion. Le commissaire du gouvernement peut, le cas échéant, saisir le procureur de la République ou le procureur général près la Cour des comptes qui pourra, à son tour, saisir éventuellement la CDBF.

En effet, la CDBF est compétente pour sanctionner les infractions aux règles budgétaires et comptables commises par les ordonnateurs-fonctionnaires. Ceux-ci ne peuvent dégager leur responsabilité qu'en prouvant l'ordre écrit et préalable de l'exécutif local. Les ordonnateurs-élus, longtemps exclus de la compétence de la Cour, lui sont maintenant soumis lorsque leurs agissements auront entraîné la condamnation de la collectivité à une astreinte en raison de l'inexécution d'une décision de justice (art. L. 313-7 et L. 313-12 CJF), lorsqu'ils auront engagé leur responsabilité à l'occasion d'une réquisition ou procuré un avantage injustifié à autrui, entraînant un préjudice pour la collectivité (art. L. 313-6 CJF).

Section 3
Les opérations budgétaires des collectivités territoriales

Il n'est pas dans notre intention de détailler ici les différentes recettes et dépenses des collectivités territoriales, mais seulement de donner les grandes lignes du droit applicable en cette matière.

I - Les opérations de recettes

En plus de leurs recettes propres et de l'éventuel recours à l'emprunt, les collectivités territoriales reçoivent différents concours de l'État.

A - Les recettes propres

Les recettes propres des collectivités territoriales sont avant tout constituées par les impôts locaux (près de 69 Mds € en 2004) au premier rang desquels il faut citer les « quatre vieilles » (dont seule la région Île-de-France ne bénéficie pas) : taxe foncière sur les propriétés bâties d'une part et non bâties d'autre part, taxe d'habitation et taxe professionnelle. Les assemblées locales peuvent fixer librement les taux de ces impôts dans la limite d'un maximum fixé par l'État.

Les recettes fiscales proviennent également d'impôts indirects qui varient selon la collectivité concernée (par ex., pour les communes, impôt sur les spectacles, droit de licence des débitants de boissons, taxe d'enlèvement des ordures ménagères; pour les départements, taxe départementale d'enregistrement ou TIPP; pour les régions, taxe sur les permis de conduire ou les cartes grises).

Les autres recettes propres des collectivités territoriales sont constituées des produits d'exploitation et des produits domaniaux. La première catégorie regroupe notamment les ventes de produits et services (prix des billets de transport, des entrées à la piscine municipale, etc.) et les taxes et redevances (redevance d'enlèvement des ordures ménagères, participation pour non réalisation d'aire de stationnement, etc.). La seconde catégorie regroupe les recettes que les collectivités territoriales retirent de leur patrimoine, qu'il s'agisse des revenus d'exploitation du domaine public (droits de place, concessions funéraires) ou des revenus d'exploitation ou d'aliénation du domaine privé (location ou vente de terrains ou immeubles).

B - Les emprunts

L'emprunt n'est autorisé pour les collectivités territoriales que pour le financement de leurs dépenses d'investissement. Le recours à l'emprunt est décidé par une délibération exécutoire. Cependant, l'autorisation préalable de l'État est nécessaire pour les emprunts obligataires par voie de souscription publique (art. L. 1611-3 CGCT) et pour les emprunts à l'étranger. L'emprunt doit en outre respecter les principes de publicité et de mise en concurrence issus du code des marchés publics. Les collectivités territoriales peuvent s'adresser aussi bien a des prêteurs institutionnels (tels la Caisse des dépôts ou sa filiale, le Crédit local de France) mais également à des banques du secteur concurrentiel voire à des banques étrangères. La convention relative à l'emprunt, elle aussi transmise au préfet, précise la durée et le taux de l'emprunt.

La collectivité qui a emprunté doit ensuite rembourser intérêt et capital. Les dépenses induites par le remboursement des intérêts sont inscrites dans la section de fonctionnement et celles relatives à l'amortissement, dans la section d'investissement. Il s'agit, dans l'un est l'autre cas d'une dépense à caractère obligatoire *(cf. infra)*.

C - Les concours de l'État

Les concours financiers de l'État (plus de 61 Mds € en 2005, soit environ 40 % des recettes locales) sont des recettes qui échappent au pouvoir de décision des collectivités territoriales. Il en existe de trois catégories selon qu'elles financent le fonctionnement, l'investissement ou qu'elles sont liées à la décentralisation. Chaque collectivité ne bénéficie pas nécessairement de toutes les dotations, à l'exception du fonds de compensation de la TVA et de la dotation globale de décentralisation.

Le fonds de compensation de la TVA (FCTVA) est financé par un prélèvement sur recettes de l'État et, éventuellement par le produit des astreintes prononcées par le juge. Il est destiné à compenser la TVA payée par les collectivités territoriales sur leurs dépenses d'investissement qui ont supporté la TVA sans ouvrir droit à récupération. Les investissements pour le compte de tiers sont exclus du FCTVA. Le versement intervient en principe au cours du premier trimestre de l'année. Il est inclus dans les recettes de la section d'investissement et correspond aux dépenses de la pénultième année. Il existe d'autres compensations fiscales prises en charge par l'État, notamment en raison de la suppression de la part salariale dans les bases de la taxe professionnelle ou de la suppression de la part régionale de la taxe d'habitation.

La dotation globale de décentralisation (DGD) est destinée à compenser les surcharges financières engendrées par les transferts de compétences opérés depuis 1982, dans la mesure où ces surcharges n'auraient pas été compensées par un transfert de recette fiscale : pour l'essentiel, dépenses en matière d'urbanisme et d'occupation des sols pour les communes, dépenses dues au fonctionnement des collèges et à l'action sanitaire et sociale pour les départements et charges induites par le fonctionnement des lycées pour les régions. La compensation des transferts de compétence ne représente plus qu'un montant de l'ordre de 3 Mds € compte tenu des transferts de recettes fiscales.

En dehors de ces recettes communes à toutes les collectivités, d'autres dotations sont versées par l'État à certaines collectivités. Pour ce qui est du fonctionnement, la dotation principale pour les communes est constituée par la dotation globale de fonctionnement (DGF : près de 38 Mds € en 2005 pour l'ensemble des collectivités territoriales). Elle trouve son origine lointaine dans un ancien impôt (taxe locale sur le chiffre d'affaires supprimée en 1966) et se décompose en deux éléments : la dotation forfaitaire attribuée à chaque commune, et une dotation d'aménagement qui comprend d'une part la dotation destinée aux groupements de communes à fiscalité propre et d'autre part la dotation de solidarité rurale. La DGF bénéficie également aux départements avec un minimum garanti pour les départements défavorisés.

Les communes bénéficient également de la dotation spéciale pour le logement des instituteurs (et non des professeurs des écoles) qui compense l'obligation de loger les instituteurs ou de leur verser une indemnité compensatrice (165 M €) et de la dotation « élu local » destinée dans les petites communes à favoriser la formation des élus (49 M €).

Pour ce qui est de l'investissement, la dotation principale est la dotation globale d'équipement (932 Mds €) qui abonde les budgets communaux et départementaux. Elle est conçue pour aider les petites communes de moins de 2 000 habitants et, sur option, les communes jusqu'à 10 000 habitants. Pour les départements, elle est pour partie attribuée en fonction des dépenses d'investissement réellement effectuées, et pour partie au prorata des dépenses de remembrement ou d'équipement rural.

On signalera encore la dotation régionale d'équipement scolaire (616 M €) ou la dotation départementale d'équipement des collèges (306 M €).

À ces dotations, peuvent s'ajouter des subventions spécifiques destinées à financer ou cofinancer tel ou tel investissement particulier.

II - Les opérations de dépenses

Les collectivités territoriales sont en principes libres de décider de leurs dépenses mais cette liberté reste surveillée par l'État.

A - Les dépenses interdites

Par principe, les collectivités territoriales ne peuvent réaliser de dépenses que dans l'intérêt spécifiquement local. Les dépenses qui ne répondent pas à cette définition sont interdites. Il en va ainsi par exemple des délibérations qui accordent une subvention à un culte. Dans le même esprit, les collectivités territoriales ne peuvent prendre en charge des dépenses relevant de la compétence d'autres collectivités ou de l'État. Le droit public financier rejoint ici le droit administratif et les critères qui ont été posés par le Conseil d'État dans sa célèbre jurisprudence dite du « socialisme municipal ».

B - Les dépenses obligatoires

La loi peut rendre certaines dépenses obligatoires. Il en va ainsi notamment des dépenses relatives à l'acquittement de la dette, intérêt et capital. C'est également le cas, par exemple pour les communes, des frais de bureau, d'entretien de l'hôtel de ville ou de la salle en tenant lieu, d'entretien des voies communales, des dépenses de personnel et de matériel des services de lutte contre l'incendie, etc.

Si la collectivité concernée n'inscrit pas une dépense obligatoire à son budget, le préfet, le comptable ou toute personne intéressée peut saisir la CRC qui, après avoir examiné la recevabilité de la demande, constate l'absence ou l'insuffisance des crédits. Suit une mise en demeure à la collectivité de prendre une décision modificative ouvrant les crédits nécessaires. La collectivité dispose d'un mois pour s'exécuter, faute de quoi la CRC demande au préfet l'inscription d'office de la dépense et propose, s'il y a lieu, les moyens permettant de maintenir l'équilibre budgétaire. Le préfet règle le budget rectifié. Il peut aussi refuser de se conformer à la proposition de la CRC par une décision motivée, ce refus étant susceptible d'engager sa responsabilité pour faute lourde. En tout état de cause, la décision du préfet est susceptible d'être déférée au juge de l'excès de pouvoir. Il en va de même du refus de la CRC de mettre en demeure la collectivité. En revanche, la décision de mise en demeure est le premier acte d'une procédure complexe et donc non susceptible de recours.

Si malgré tout, l'exécutif de la collectivité ne mandate pas la dépense, le préfet peut mandater d'office dans le délai d'un mois après une nouvelle mise en demeure.

On indiquera pour conclure que le système financier local se caractérise aujourd'hui par son extrême complexité, par la place probablement excessive qu'y occupe l'État et par l'inadaptation et le vieillissement de la fiscalité locale. Si les propositions de réforme se sont multipliées au cours des dernières années, la mise en œuvre de la réforme constitutionnelle du 25 mars 2003 sera peut-être l'occasion d'une refonte du système financier local visant à mieux assurer l'autonomie financière des collectivités territoriales.

Lire aussi

- Berard F., « Les dotations de l'État aux collectivités territoriales », LGDJ, coll. « Politiques locales », 2001
- Bouvier M., *Les finances locales,* LGDJ, coll. « Systèmes », 9e éd., 2004
- Crucis H.-M., « Droit des contrôles financiers des collectivités territoriales », *Le Moniteur,* 1998
- Douat E., Guengant A., *Leçons de finances locales,* Economica, 2002
- Hertzog R., « L'ambiguë constitutionnalisation des finances locales », *AJDA*, 2003. 548; « La Constitution financière de l'État décentralisé », *Annuaire des collectivités locales,* 2004, p. 171 ; « L'autonomie fiscale des collectivités territoriales : beaucoup de bruit… pour quoi ? », *AJDA*, 2003. 2057
- Klopfer M., « Gestion financière des collectivités locales », *Le Moniteur,* 2006
- Mouzet, *Finances locales,* Gualino, 3e éd., 2006
- Muzellec R., *Finances locales,* Mémentos Dalloz, 5e éd., 2005
- Pilot, P., *Les dotations de l'État aux collectivités locales,* Berger-Levrault, 2006

Index alphabétique

D

E

F - I

J - L

M

O

P

R

S

T

U

V

Table des matières

Dans la même collection

L'adoption, P. Salvage-Gerest
Anthropologie juridique, J. Vanderlinden
Les cabinets ministériels, O. Schrameck
Le Code civil, J.-L. Halpérin
Les collectivités territoriales en France, M. Verpeaux
La common law, A. J. Bullier
La commune, J.-C. Douence
Le Conseil constitutionnel, H. Roussillon
Le Conseil d'État, D. Latournerie
Le contentieux administratif, J. Viguier
Le contrat. Droit des obligations, J.-L. Aubert
Le contrat de vente, P. le Tourneau
Les conventions et accords collectifs, P.-H. Antonmattei
La Cour de cassation, Y. Chartier
La Cour européenne des droits de l'homme, J.-P. Marguénaud
La Cour de justice des Communautés européennes, J. Boudant
La déontologie de l'avocat, J.-J. Taisne
La déontologie des magistrats, G. Canivet, J. Joly-Hurard
La directive européenne, D. Simon
Le divorce, P. Courbe
Le droit, P. Jestaz
Le droit administratif, P. Delvolvé
Le droit allemand, C. Witz
Le droit américain, A. Levasseur
Droit bancaire. L'activité bancaire, J.-P. Deschanel
Le droit des biens, C. Caron, H. Lécuyer
Le droit des brevets, M. Vivant
Le droit commercial, P. Didier
Le droit des cultes, J. Volff
Le droit des étrangers, X. Vandendriessche
Le droit européen des affaires, J. Vogel, L. Vogel
Le droit français de la concurrence, Y. Serra
Le droit international public, L.-A. Aledo
Le droit de la langue française, J.-M. Pontier
Le droit des marchés publics, F. Linditch
Droit des médias, E. Derieux
Le droit des organisations internationales, D. Dormoy
Le droit pénal, M.-L. Rassat

Le droit des personnes, T. Garé
Le droit du travail, P.-Y. Verkindt
Les droits de l'enfant, F. Gisserot
Les droits de l'homme, P. Wachsmann
L'égalité des sexes, F. Dekeuwer-Défossez
L'État, J. Chevallier
La filiation, J. Hauser
Les finances publiques, M. Lascombe, X. Vandendriessche
La fonction publique, J.-F. Lachaume
Histoire du droit, J. Bart
L'impôt, C. Schmidt
L'indivision, F.-X. Testu
Institutions politiques de la France, Y. Madiot
Introduction au droit douanier, C. J. Berr, H. Trémeau
Introduction au droit fiscal, P. Serlooten
La laïcité, C. Durand-Prinborgne
Les libertés de communication, J. Georgel
La loi, B. Mathieu
Le mariage, J.-J. Lemouland
Le permis de construire, J. Morand-Deviller
Philosophie du droit, B. Frydman, G. Haarscher
Le président de la République, M.-A. Cohendet
Les principes de la responsabilité civile, P. Jourdain
Les principes de l'urbanisme, H. Charles
Le procès civil, H. Croze
La propriété littéraire et artistique, A. Lucas
La protection des consommateurs, D. Ferrier
La protection des libertés en France, P. Rolland
Les régimes matrimoniaux, D. Martin
La région, M. Verpeaux
La réparation du préjudice, Y. Chartier
La République en France, J.-M. Pontier
La responsabilité du médecin, J. Penneau
La responsabilité politique, C. Bidégaray, C. Emeri
Le service public, P. Esplugas
Les sources du droit, P. Jestaz
Le système politique des relations internationales, M. Gounelle
Le terrorisme, Y. Mayaud
Théorie générale du droit, É. Millard

IMPRESSION, BROCHAGE

CHIRAT

42540 ST-JUST-LA-PENDUE
DÉCEMBRE 2006
DÉPÔT LÉGAL 2006 N° 2911

706861 (I) (3) OSB - Ta 80g NC ORT

IMPRIMÉ EN FRANCE